Zwiebeln & Knoblauch

Die heimlichen Helden der Küche

Rezepte und Warenkunde

Die heimlichen Helden der Küche

Rezepte und Warenkunde

ACHIM SCHWEKENDIEK ⚜ INGEBORG PILS ⚜ HUBERTUS SCHÜLER

Herausgegeben von Ria Lottermoser

Inhalt

Rezepte

Tolle Knollen

Gesundes aus der Erde

Im Ägypten der Pharaonen zählten Zwiebeln und Knoblauch zu den wichtigsten Ackerfrüchten – sowohl in der Küche als auch in der Heilkunde. Wie eine Inschrift auf der Pyramide von Gizeh belegt, wurden den Arbeitern beim Bau der Pyramiden feste Zwiebel- und Knoblauchrationen zugeteilt, um sie körperlich fit zu halten und vor Infektionskrankheiten zu schützen. Im 4. Buch Mose des Alten Testaments wird beklagt, dass die Israeliten bei ihrem Auszug aus Ägypten auf dem Weg durch die Wüste auf die gewohnten Rationen an Zwiebeln und Knoblauch verzichten mussten. Und Homer preist in seiner Ilias die Zwiebel als Stärkungsmittel nach der Schlacht. Heute ist die Zwiebel als phytotherapeutisches Heilmittel wissenschaftlich anerkannt. Sie wurde 2015 zur Heilpflanze des Jahres gekürt.

Zwiebeln und Knoblauch gehören zu den milden pflanzlichen Antibiotika. Sie wirken antibakteriell und beugen Infektionen vor, helfen bei Durchblutungsstörungen und erhöhtem Blutdruck. Zudem enthalten sie Stoffe, die Appetit und Verdauung anregen.

Dank ihres hohen Zink- und Eisengehalts kurbeln sie den Sauerstofftransport in den Zellen an. Die schwefelhaltigen Verbindungen in Zwiebeln und Knoblauch sind nicht nur für den intensiven, tränentreibenden Geruch verantwortlich. Sie unterdrücken auch das Wachstum von Mikroorganismen und verhindern die Ablagerung von Cholesterin in den Arterien. Das macht sie auch zu einem natürlichen Heilmittel bei einem zu hohen Blutfettspiegel.

Die Zwiebel ist auch ein altes Hausmittel bei Erkältungen. Ihre Inhaltsstoffe verhindern ein zu starkes Anschwellen der Schleimhäute. Zwiebelsirup hilft bei Husten, Schnupfen und Erkältungen. Äußerlich angewendet helfen Zwiebeln bei Mücken-, Bienen- und Wespenstichen. Einfach eine Zwiebel halbieren und die betroffene Stelle mit der Schnittfläche einreiben. Nach wenigen Minuten lassen Juckreiz und Schmerz nach. Wegen ihres hohen Vitamin-C-Gehalts waren Zwiebeln früher übrigens auch ein beliebtes Mittel für Seefahrer gegen Skorbut.

Kulinarische Alleskönner

Ob Salat, Suppe oder Sauce – ohne Zwiebel und Knoblauch sähen die Küchen der Welt sehr viel ärmer aus. Zwar wurden die aromatischen Knollen in der Antike zunächst wegen ihrer Heilwirkungen geschätzt. Doch im Mittelalter gelang ihnen auch in Europa der kulinarische Durchbruch. Ob roh, gedünstet oder gebraten, Zwiebeln und Knoblauch verleihen vielen Speisen eine wichtige Duft- und Geschmacksgrundlage und sind für herzhafte Gerichte unverzichtbar. Zwiebeln enthalten außerdem Zucker, der bei den weniger scharfen Sorten für die typische Süße verantwortlich ist, die beim Kochen in den Vordergrund tritt.

Bei rohen Zwiebeln dominieren die frischen, scharfen und leicht stechenden Gewürznoten. Erwärmt auf 50 bis 100 Grad verschwindet die Schärfe und macht milden Zwiebelaromen Platz. Bei Temperaturen über 150 Grad bilden die Zwiebelproteine in Verbindung mit dem Zucker spezielle Karamell- und Röstnoten aus. Ihren ganzen Geschmacksreichtum können Zwiebeln am besten entwickeln, wenn sie langsam geschmort werden.

Zwiebeln und Knoblauch haben einen intensiven Geruch und Geschmack, dies macht sie schon während des Wachstums immun gegen Schädlinge. Schuld am intensiven und lang anhaltenden Geruch des Knoblauchs und an der tränenreichen Wirkung der Zwiebel ist das Alliin, eine schwefelhaltige Verbindung, die eigentlich geruchlos ist. Erst wenn das Fruchtfleisch der äußeren Zellschichten beim Schälen und Zerschneiden verletzt wird, wird das Alliin durch ein zweites Enzym, das im Zellinneren sitzt, in die typischen Aromastoffe umgewandelt, die sehr stabil sind. Resultat: Die Augen tränen oder es beginnt zu duften.

Wer Tränen beim Zwiebelschneiden vermeiden will, sollte die Zwiebel vorher 30 Minuten in den Kühlschrank oder 10 Minuten in das Gefrierfach legen. Auch ein alter Hausfrauentrick hilft gegen das Tränenvergießen: Vor dem Schneiden die geschälte Zwiebel, das scharfe Küchenmesser und das Schneidebrett kalt abspülen und nicht abtrocknen.

! Was man wissen und beachten sollte

🧄 Regionalität ist auch bei Zwiebeln Trumpf. Ob im Feinkostgeschäft, im Supermarkt oder beim Discounter: Ein Blick auf das Etikett verrät das Herkunftsland.

🧄 Zwiebeln und Knoblauch werden in Deutschland von Mitte Juni bis Ende Oktober geerntet. Durch den Anbau unterschiedlicher Sorten und optimaler Lagerung sind Zwiebeln aus heimischem Anbau inzwischen ganzjährig erhältlich.

🧄 Richtig aufbewahrt, sind braune Haushaltszwiebeln im Keller mehrere Monate lagerfähig, in einem Vorratsschrank mindestens sechs Wochen. Ideal: dunkel, kühl und trocken in einem Korb, Netz oder Zwiebeltopf. Achtung: Werden sie zu hell gelagert, beginnen sie auszutreiben und verlieren ihr Aroma.

🧄 Zwiebeln sollten weder im Plastikbeutel noch in Alufolie verpackt oder im Kühlschrank aufbewahrt werden, denn dann werden sie feucht und faulen von innen. Einzige Ausnahme: Angeschnittene Zwiebeln kann man – luftdicht verschlossen – in einer Dose bis zu zwei Tagen im Kühlschrank aufbewahren.

🧄 Achten Sie beim Einkauf auf eine trockene papierartige Außenhaut. Zwiebel und Knoblauch müssen prall und druckfest sein und sollten frei von grünen Austriebspitzen sein.

🧄 Um die wertvollen Inhaltsstoffe zu erhalten, Zwiebeln und Knoblauch immer erst kurz vor der Verwendung schälen.

Die Zwiebel: Gewürz und Gemüse

Nach den Tomaten sind die Zwiebeln der Deutschen liebstes Gemüse. Pro Jahr und Kopf verzehren wir durchschnittlich sechs Kilogramm davon. Und das, obwohl Zwiebeln bei uns eigentlich keine klassische Gemüsebeilage sind. Das mehr oder weniger scharfe Lauchgewächs steht neben Salz und Pfeffer meist nur als Würzzutat auf dem Speiseplan. Geschält und gewürfelt finden wir sie in nahezu allen herzhaften Gerichten.

Wie Knoblauch, Bärlauch, Lauch und Schnittlauch gehört die Zwiebel botanisch gesehen zur Gattung *Allium*, deren Vertreter unter der Erde knollenartige Verdickungen aus dicht übereinanderliegenden fleischigen Blättern bilden. Sie dienen der Pflanze als Nährstoffspeicher. Um diesen bildet die Zwiebel im Lauf der Zeit zum Schutz immer mehr trockene äußere Schalen, während das Innere fest und saftig bleibt. So kann der Keim viele Monate auch außerhalb der Erde überleben.

Die aus Vorderasien stammende, 60 bis 120 Zentimeter hohe robuste Pflanze wurde in Europa als erstes in Italien angebaut. Im Lauf der Jahrhunderte entwickelten sich weltweit unzählige Sorten, die sich in ihrem Gehalt an ätherischen Ölen, Wasser und Zucker unterscheiden. Größe, Aroma und Schärfe sind sortentypisch. Allgemein kann man aber sagen: Je weniger Wasser und Zucker in einer Zwiebel enthalten sind, um so schärfer ist ihr Geschmack. Kleine braune (gelbe) Zwiebeln sind am schärfsten, weiße eher mild und rote am aromareichsten.

Neben den handelsüblichen Zwiebeln gibt es eine Reihe von regionalen Zwiebelspezialitäten, die vorwiegend auf kleinen landwirtschaftlichen Flächen angebaut und nur in der näheren Umgebung verkauft werden. Vor allem alte Zwiebelsorten sind weniger ertragreich und oft nicht lange lagerfähig. Meistens müssen sie außerdem noch per Hand geerntet werden, daher sind sie für den kommerziellen Anbau nicht geeignet. Doch immer mehr Biobauern und Hobbygärtner entdecken die aromatische Vielfalt regionaler Zwiebelsorten wieder. Einige Anbauverbände haben sich ihre regionalen Zwiebelspezialitäten inzwischen EU-weit schützen lassen.

Die Vielfalt der Sorten

Braune Haushaltszwiebel

Die Allrounderin unter den Zwiebeln mit der hellbraunen Schale wird am häufigsten in der Küche verwendet. Würzig bis scharf, frisch und kräftig-pikant ist sie für jedes Alltagsgericht geeignet. Haushaltszwiebeln sind klein bis mittelgroß und das ganze Jahr über erhältlich. Dank ihrer angenehmen Schärfe eignet sich die Haushaltszwiebel zum Dünsten, Kochen, Braten, Schmoren oder Rösten. Sie rundet den Geschmack von herzhaften Suppen, Eintöpfen, Bratkartoffeln, Saucen und deftigen Gerichten ab. Da sie geschmacklich leicht dominant wird, schwitzt man sie kurz in Butter an, bevor sie in Hackfleisch- oder Pastetenteigen weiterverarbeitet wird. Wird sie roh in Salaten, die wie Kartoffelsalat länger durchziehen müssen, verwendet, empfiehlt es sich, sie vorher kurz zu blanchieren oder mit heißer Marinade zu übergießen. Will man Brühen eine appetitlich goldgelbe Farbe geben, kocht man einige Zwiebelschalen mit. Auch zum Färben von Ostereiern kann man die braunen Zwiebelschalen verwenden.

Sturon

Würzig-scharfes Aroma, knackiges Fleisch und gute Lagerfähigkeit sind die Vorteile der Sturon. Ihre feste goldgelbe Haut schützt das saftige scharfe Fleisch der mittelgroßen flachrunden Zwiebel bis zum Verzehr. Sie eignet sich zum Dünsten, Kochen, Braten, Schmoren oder Rösten, für herzhafte Suppen, Eintöpfe, Bratkartoffeln, Saucen und deftige Gerichte.

Die Sturon ist als Pflanzensamen für Direktsaat und als Steckzwiebel erhältlich. Bei entsprechener Witterung kann man bereits im Februar säen. Die Aussaat ist zeitaufwendiger als das Stecken. Allerdings sind die Zwiebeln durch ihre längere Standzeit auf dem Beet stärker von Schädlingen und Krankheiten bedroht. Steckzwiebeln werden im März/April eingepflanzt. Die Steckzwiebel selbst ist nicht essbar, erst die daraus gewachsenen Zwiebeln sind zum Verzehr geeignet.

Gemüsezwiebel

Die große Schwester der Haushaltszwiebel wiegt zwischen 200 und 500 Gramm. Große Exemplare – sie kommen unter dem Namen *Metzgerzwiebel* in den Handel – bringen bis zu 1 Kilogramm auf die Waage. Ursprünglich stammt die Gemüsezwiebel aus Spanien (daher auch ihr weiterer, jedoch heute wenig gebräuchlicher Name *Spanische Zwiebel*), sie wird inzwischen aber auch in vielen anderen Ländern angebaut.

Die Gemüsezwiebel hat eine hellbraune bis kupferfarbene Schale und saftiges, weiches Fleisch. Wegen ihres milden und leicht süßlichen Aromas eignet sie sich gut für ausgebackene Zwiebelringe, Zwiebelkuchen und -suppe oder für Gulasch. Größere Zwiebeln kann man wie Gemüsepaprika mit Hackfleisch, Gemüsereis, Couscous und Käse füllen. Anders als die kleinere Haushaltszwiebel ist die Gemüsezwiebel allerdings nicht lange lagerfähig.

Weiße Zwiebel

Ursprünglich kommt die Weiße Zwiebel aus Südeuropa. Je nach Sorte sind diese Zwiebeln rund, oval oder leicht abgeplattet. Sie schmecken milder und süßlicher als alle anderen Zwiebelsorten, ihre Größe variiert zwischen der von Haushalts- und Gemüsezwiebeln.

Roh eignen sie sich für Salate, Dips und Käsecremes. Chutneys und herzhaften Gemüsekonfitüren geben sie ein zart-süßliches Zwiebelaroma. In Spanien und Italien werden Weiße Zwiebeln auch häufig für helle Saucen verwendet. Größere Exemplare kann man wie Gemüsezwiebeln füllen. Zum Braten oder Schmoren sind sie ungeeignet; dazu ist ihr Aroma zu wenig intensiv.

Rote Zwiebel

Süßlich-mild und zugleich würzig-scharf
ist die Rote Zwiebel. Sie ist rund bis oval und
hat eine rote bis dunkelviolette dünne Schale.

Aufgrund ihrer milden Schärfe und dekorativen Farbe eignet sich die Rote Zwiebel besonders gut zum Rohessen in Salaten sowie für
Käsecremes, Brotaufstriche und Dips. Auch
in Chutneys, Marinaden, dunklen Saucen und
Suppen wird sie – vor allem in den Mittelmeer-
ländern – häufig verwendet. Rote Zwiebeln
werden ganzjährig angeboten und sind nicht
lange lagerfähig. Extra kleine rote Zwiebeln
kommen aus Thailand und sind wie Schalotten
geformt. Achtung: Beim Verarbeiten färbt die
rote Farbe der Zwiebelschalen etwas ab.

Schalotte

Die feinste und mildeste Zwiebel. Aromatisch, leicht süßlich, ohne den scharfen typischen Zwiebelgeschmack ist sie in der gehobenen Küche zuhause. Je nach Sorte sind Schalotten länglich, oval oder rund. Schalotten mit rosa-violetter Schale sind die feinsten. Die kleineren gelben, manchmal leicht grünlichen, sind etwas schärfer. Meist befinden sich zwei Zehen unter der äußeren Schale.

Rohe Schalotten eignen sich für Salate, Dips und Käsecremes. Im Ganzen werden sie in Saucen und Ragouts mitgeschmort, glasiert sind sie eine würzig-pikante Beilage für Fisch- und Fleischgerichte.

Am häufigsten findet man bei uns die lange *Bretonne Longue*. Runde braunschalige Schalotten wie die *Bretonne Ronde* sind in Deutschland bei weitem nicht so beliebt wie die länglichen, vielleicht, weil sie zu sehr an Zwiebeln erinnern. Eine Spezialität ist die *Grise de Bagnolet*. Mit dieser grauschaligen Schalottensorte werden in Frankreich besonders gerne Rot- und Weißweinessige aromatisiert.

Frühlingszwiebel

Frühlings- oder Lauchzwiebeln werden in der deutschen Küche immer beliebter. Sie sehen aus wie Babylauch, haben aber Röhrenblätter wie die Haushaltszwiebeln. Trotz ihres Namens sind sie das ganze Jahr erhältlich. Allerdings sind sie nicht lange lagerfähig. Frühlingszwiebeln schmecken zart-mild und feinwürzig, sind magenfreundlich und müssen nicht geschält werden.

Die kleinen weißen Zwiebelchen sind besonders aromatisch. Sie eignen sich roh für Salate, Quarkspeisen und Dips, mariniert als Vorspeise und würzige Beilage zu Schinken, Wurst und Käse. Gekocht oder gebraten verfeinern sie Saucen, Fisch- und Fleischgerichte und sind ideal für alle Gerichte aus dem Wok. Blanchiert und in Butter glasiert sind Frühlingszwiebeln eine feine Beilage zu Fisch und Fleisch. Zum Blanchieren Wurzeln und die oberen dunkelgrünen Enden abschneiden. Je nach Stärke eine halbe bis eine Minute in Salzwasser blanchieren, herausheben und sofort in Eiswasser legen, damit die Zwiebelchen nicht weitergaren. Auf Küchenpapier trocknen lassen und anschließend in Butter schwenken.

Zittauer Gelbe

Eine altbewährte und bekannte Sorte ist die Zittauer Gelbe mit ebenmäßig runden, festschaligen Zwiebeln und einem kräftigen, würzig-scharfen Geschmack. Die einzelnen Zwiebeln werden bis zu 80 Gramm schwer. In der Küche wird sie wie die Haushaltszwiebel verwendet. Die Zittauer Gelbe eignet sich sehr gut für die Wintereinlagerung. In heimischem Anbau wird sie zwischen September und Oktober geerntet. Vor dem Einlagern muss sie bei trockenem, sonnigem Wetter gut abreifen.

Die Zwiebelsorte wurde in den 1930er Jahren auf den Namen Zittauer Gelbe getauft und wurde rund um Zittau angebaut, obwohl die schweren nährstoffreichen Böden dort eigentlich für den Zwiebelanbau „zu gut" sind. Schnell eroberte das Zwiebelchen die Herzen der Zittauer. Inzwischen ist es das offizielle Maskottchen der Stadt und hat die Schirmherrschaft über das größte Volksfest des Freistaats, den „Tag der Sachsen".

Winterheck-zwiebel

Silberzwiebel

Ihren Beinamen *Ewige Zwiebel* verdankt die Winterheckzwiebel der Tatsache, dass sie fast ganzjährig geerntet werden kann. Außerdem kann sie problemlos mehrere Jahre am gleichen Standort bleiben, ist mehrjährig und winterhart. Sie bildet nur kleine Zwiebeln, dafür wächst ihr grüner Zwiebellauch umso üppiger. Deshalb wird sie auch zu den Lauchzwiebeln gezählt. Von kulinarischer Bedeutung sind hauptsächlich die grünen Blätter. Im Frühjahr erntet man die Schlotten, wie die Röhrenblätter korrekt heißen, als erstes frisches Grün. Sie werden wie Schnittlauch verwendet und haben ein kräftiges scharfes Aroma. Nach der Frühjahrsernte sollte man der Zwiebel eine Erntepause zur Regeneration gönnen. Danach kann man bis zum Eintritt der Frostperiode die würzigen Schlotten ernten und als Frischgemüse oder im Salat genießen.

Die Winterheckzwiebel ist die ideale Gewürzpflanze für jeden Gemüsegarten. In ihren Herkunftsländern China und Japan ist sie eine wichtige Küchenpflanze. Bei uns spielt sie bisher nur eine untergeordnete Rolle. Nur in schwäbischen Bauerngärten ist die Winterheckzwiebel häufiger anzutreffen. Die Zwiebelröhrle, wie die Schlotten dort genannt werden, sind eine Grundzutat für Grüne Krapfen und Dünnröhrleskuchen, beides traditionelle schwäbische Spezialitäten.

Die Silberzwiebel wird häufig mit der Perlzwiebel verwechselt. Dabei unterscheiden sich die beiden kleinen Zwiebelsorten schon rein äußerlich. Wie ihr Name verrät, schimmert die dünne Außenhaut der Silberzwiebel zart weiß bis silbern und nicht braun wie die der Perlzwiebel, die einen Durchmesser von 15 bis 35 mm hat. Gemeinsam ist beiden Sorten, dass sie auf deutschen Märkten nur selten angeboten werden und relativ teuer sind. Bekannt sind sie vor allem als Bestandteil von Sauerkonserven wie Mixed Pickles.

Frische Silberzwiebeln kommen meist aus den Niederlanden oder Israel und eignen sich besonders gut als geschmorte Beilage zu Kurzgebratenem, für süßsaure Saucen oder für bunte Grillspieße.

Laaer Zwiebel

Österreich, besser gesagt das Weinviertel rund um Laa, ist die Heimat einer alten Zwiebelsorte, zu deren Ehren alljährlich ein Zwiebelfest stattfindet. Ungewöhnlich sind Anbau und Ernte der Zwiebelspezialität: Die Zwiebelfelder werden traditionell nicht bewässert. Dadurch werden die Zwiebeln aromatischer und sind länger lagerfähig. Sie reifen komplett auf dem Feld aus und werden noch per Hand geerntet. Wegen der natürlichen Abreife erfolgt die Ernte später als bei anderen Zwiebelsorten, ein weiterer Grund für den vollendeten Geschmack der *Gelben* und *Roten Laaer Zwiebeln*.

Anfang der 1990er Jahre gründeten die Laaer Zwiebelbauern eine Interessengemeinschaft, um die Region als führendes Zwiebelanbaugebiet zu etablieren und den guten Ruf der Laaer Zwiebel zu verbreiten. Ein Ergebnis ihrer Bemühungen: Nicht nur zur Erntezeit im Herbst kreieren lokale Gastronomen und Produzenten eine Vielzahl an kulinarischen Spezialitäten rund um die Zwiebel, von Zwiebelmenüs bis zur Zwiebelmarmelade und dem Zwiebelschnaps.

Höri Bülle

Von der Bodensee-Halbinsel Höri stammt die rothäutige, weißfleischige Speisezwiebel mit der typischen flachen, bauchigen Form. Alljährlich findet im Oktober auf der Halbinsel ein kulinarisches Fest zu Ehren der regionalen Spezialität statt. Die Höri Bülle besticht vor allem durch ein zartes, leicht süßliches Aroma und eine milde, nicht aufdringliche Schärfe. In ihrer Heimat gibt sie als Salatzwiebel den in der Region so beliebten Wurst- und Rindfleischsalaten ihren typischen Geschmack. Beim Garen entwickelt sie eine angenehme Schärfe, wie die traditionelle Bülle-Dünne, ein Zwiebelkuchen mit Hefeteigboden, sehr schmackhaft demonstriert. Ihr Nachteil: Die Höri Bülle wird ausschließlich durch eigene Nachzucht vermehrt und die weiche Zwiebel muss von Hand geerntet werden.

Seit 2014 trägt die Höri Bülle das blaue EU-Siegel „g.g.A." (geschützte geografische Angabe), seit 2008 ist sie Passagier der „Arche des Geschmacks" von Slow Food. Das internationale Projekt „Arche des Geschmacks" schützt weltweit rund tausend regional wertvolle Lebensmittel, Nutztierarten und Kulturpflanzen vor dem Vergessen und Verschwinden, die unter den gegenwärtigen ökonomischen Bedingungen am Markt nicht bestehen oder „aus der Mode" gekommen sind.

Cipolline borettane

Cipolline heißen die kleinen Zwiebeln im Miniformat, die aus Italien stammen. Sie sind flacher und im Aroma dezenter als Schalotten. Bekannt geworden sind sie in Deutschland vor allem als Spezialität aus der Emilia Romagna. Dort legt man die weißen Zwiebelchen in eine süß-säuerliche Aceto-Balsamico-Marinade ein, die manchmal noch mit Kräutern und Olivenöl verfeinert wird. Die knackigen *Cipolline* passen wunderbar zu italienischen Vorspeisen und sind eine feine Beilage zu gegrilltem Fisch oder Fleisch.

Auf deutschen Märkten findet man die frischen Zwiebeln nur sehr selten. Im Gastronomie-Großhandel werden sie manchmal als *Cipolla italiana* (italienische Zwiebel), *Schaschlik-* oder *Grillzwiebel* angeboten.

Bamberger birnenförmige Zwiebel

In der Gärtnerstadt Bamberg hat die milde und feste Zwiebel eine Jahrhunderte alte Tradition. Doch erst 1955 wird die regionale Sorte unter der Bezeichnung *Birnenförmige Zwiebel* in ein Sortenbuch aufgenommen. Vermerkt wird dazu, dass die Anbaubedeutung dieser Zwiebel stark zurückgegangen und fast ausschließlich auf den Raum um Bamberg und Schweinfurt beschränkt ist. Heute wird die lokale Zwiebelspezialität in Direktvermarktung meistens als *Lange* oder *Längliche* angeboten. Sie hat eine gelb-braune Schale, helles, schnittfestes Fleisch und einen mild-würzigen, leicht süßlichen Geschmack. Die autochthone Zwiebel ist eine Kandidatin für die „Arche des Geschmacks" von Slow Food.

Seit dem 17. Jahrhundert werden auf den fruchtbaren mineralhaltigen Talböden des Bamberger Beckens Zwiebeln und Knoblauch angebaut. Wenn die Zwiebeln im Frühsommer ihr oberirdisches Blattwerk ausbildeten, banden sich die Gärtner früher Brettchen unter die Schuhe und gingen damit über die Zwiebelfelder, um die Schlotten, also den grünen Zwiebellauch, niederzutreten. Der Grund dafür: Man glaubte, durch das Begrenzen des oberirdischen Wachstums könne die Pflanzen die Nährstoffe besser für die Entwicklung der unterirdischen Knollen nutzen. Diese Tätigkeit hat übrigens nicht nur den Bambergern den Spitznamen „Zwiebeltreter" eingebracht.

Rote Braunschweiger

Eine traditionsreiche, früher regionale Zwiebelsorte aus einem der historisch bedeutendsten
Zwiebelanbaugebiete in Deutschland ist die Rote
Braunschweiger. Die dunkelrote, mittelgroße
Zwiebel ist ertragreich, lange lagerfähig und wird
wegen ihres hervorragenden Geschmacks auch
kulinarisch geschätzt. Sie hat eine plattrunde,
fast flache Form und festes saftiges Fleisch. Es
ist zunächst weiß, wird jedoch während der Reife
leicht rötlich. Nach der Ernte werden die Zwiebeln
mit dem trockenen Zwiebelkraut gerne zu dekorativen Zwiebelzöpfen gebunden.

In der Küche ist die Rote Braunschweiger vielseitig
verwendbar. Mit ihrer leichten, aber dennoch
würzigen Schärfe eignet sie sich zum Rohessen
in Salaten, Käsecremes und Dips ebenso gut wie
für Marinaden, dunkle Saucen, Suppen, Gemüse-,
Fisch- und Fleischgerichte.

Perlzwiebel

Die kleinen runden, etwa haselnussgroßen
Zwiebelchen mit der hellbraunen Schale
sind näher mit dem Lauch als mit der Speisezwiebel verwandt. Sie schmecken mild bis
würzig und sind vor allem als Sauerkonserven bekannt. Frische Perlzwiebeln kommen
oft aus Frankreich oder Portugal. Sie werden
wie kleine Schalotten und Silberzwiebeln häufig im Ganzen in Fleischgerichten mitgebra-
ten oder geschmort, glasiert oder eingelegt.
Schmorgerichte wie das Bœuf Bourguignon
und aromatische Saucen bekommen durch
Perlzwiebeln ein besonders feines Aroma.

Das Abziehen der kleinen rohen Zwiebeln
ist mühsam und ein echter Grund zum Wei-
nen. Da hilft das Blanchieren: Beide Zwiebel-
enden abschneiden, den Wurzelansatz besonders großzügig. Die Zwiebeln etwa eine Minute
in kochendem Salzwasser blanchieren, mit
einem Schaumlöffel herausnehmen, abtropfen und etwas abkühlen lassen. Dann die Zwiebeln einfach aus der Schale drücken, eventuell
mit einem Küchenmesser nachhelfen.

Roscoff-Zwiebel

Eine französische Spezialität mit Tradition: Seit über 400 Jahren wird die Roscoff-Zwiebel (frz. *oignon de Roscoff*) an der Nordwestküste der Bretagne rund um die Stadt Roscoff angebaut. Name und Herkunft sind inzwischen EU-weit durch die Ursprungsbezeichnung AOC gesichert. Ein Produkt mit einer geschützten Ursprungsbezeichnung (g. U.) wird ausschließlich in einer bestimmten Gegend erzeugt, verarbeitet und veredelt.

Die Zwiebel mit der rosa- bis kuperfarbenen Schale war wegen ihres hohen Vitamin A-, B- und C-Gehalts und ihrer guten Lagerfähigkeit lange Zeit ein beliebter Proviant für Seefahrer. Auch heute noch werden die Zwiebeln per Hand geerntet und traditionell zu traubenförmigen Zöpfen gebunden. Luftig aufgehängt halten sie sich ohne weitere Konservierung bis ins folgende Frühjahr frisch. Wegen ihres fruchtigen, leicht süßlichen Aromas und ihrer saftig-zarten Textur eignet sich die Roscoff-Zwiebel ebenso gut für Rohkost und Salate wie für Saucen, Suppen, Fleischgerichte und herzhafte Gemüsekuchen.

Stuttgarter Riese

Die große, flachrunde, gelbschalige Zwiebel hat ein festes weißes Fleisch und eine milde Schärfe. Sie ist robust, unkompliziert im Anbau, ertragreich, reift spät und ist lange lagerfähig. Nicht zuletzt deshalb ist der Stuttgarter Riese eine besonders beliebte Steckzwiebelsorte, auch bei Hobbygärntern. Ihren Namen verdankt die alte, ursprünglich regionale Sorte ihrem Hauptanbaugebiet im 19. Jahrhundert. Damals entwickelten sich in Mitteleuropa bedeutende Zentren für den Zwiebelanbau, eines davon rund um Stuttgart.

Stuttgarter Riesen sind in der Küche vielseitig verwendbar. Ihre mittlere Schärfe und ihr aromatischer Geschmack machen sie zur idealen Begleiterin von Salaten, Suppen, Eintöpfen, Gemüse-, Fleisch- und Fischgerichten. Auch für Zwiebelkuchen sind sie bestens geeignet.

Cipolla di Tropea

Die berühmteste italienische Zwiebel ist
die rote, zart süß schmeckende Zwiebel aus
Tropea, die entlang des kalabrischen Küsten-
streifens zwischen Capo Vaticano und Nicotera
in der Provinz Vibo Valentia angebaut wird.
Ihren Namen verdankt sie dem Küstenort
Tropea. Rund um diesen Ort wird sie in insge-
samt 21 Gemeinden angebaut. Die geschützte
geografische Angabe (g.g.A.) *Cipolla Rossa
di Tropea Calabria* gilt für drei Formen der
milden, saftigen Zwiebel:

🧅 *Tonda piatta*, die große süße, zarte
und weiße Frühzwiebel

🧅 *Mezza campana*, die später geerntete,
ebenso zarte und süße rot-violette
Zwiebel

🧅 *Allungata*, die milde, bissfeste Spät-
zwiebel, die lange lagerfähig ist.

Knoblauch bekämpft nicht nur Vampire

Nicht umsonst galt Knoblauch einst als wirksame „Waffe" gegen Vampire. Der aufdringliche Geruch und sein intensiver Geschmack lassen auch heute noch Nicht-Knoblauch-Liebhaber rasch das Weite suchen. Dabei hat Knoblauch dank seiner ätherischen Öle viele positive Effekte auf die Gesundheit. Er fördert die Verdauung, regt die Durchblutung der Schleimhäute an, hilft bei Bluthochdruck sowie Entzündungen und wirkt der Arterienverkalkung entgegen. Bereits Hippokrates (460–377 v. Chr.) rühmte seine Heilkräfte. Dem schloss sich Aristoteles hundert Jahre später an.

Knoblauch polarisiert: Man liebt ihn – oder man verweigert seinen Genuss. Schuld daran ist nicht so sehr sein intensiver Geschmack, sondern sein Geruch, der nicht nur durch den Atem, sondern auch durch die Haut ausgeschieden wird. Wirkstoff und Aroma des Knoblauchs sind untrennbar mit dem intensiven Geruch verbunden. Wer alle gesundheitlichen Vorteile des Knoblauchs genießen will,

muss auch seinen Duft hinnehmen. Allerdings: Knoblauchgeruch hält sich besonders hartnäckig und lässt sich kaum mit anderen Aromen überdecken. Zumindest teilweise kann man den unangenehmen Mundgeruch durch Kauen von Petersilienwurzeln, Petersilienblättern oder Kardamomsamen mindern. Auch das Trinken von frischer Milch soll helfen. Im Keim sind die meisten ätherischen Öle versammelt; wird er entfernt, ist der Geruch reduziert. Wird Knoblauch vor seiner Verwendung im Backofen gegart, senkt das die Geruchsbelästigung am nächsten Tag deutlich.

Es gibt rein weiße und weiß-violette Knoblauchsorten. Inzwischen werden auch regional einige schützenswerte Lokalsorten angeboten. Ganz frischen Knoblauch erkennt man am saftigen grünen Stiel. Er schmeckt besonders mild. Je älter Knoblauch ist, desto schärfer wird er im Geschmack und desto stärker sind die Ausdünstungen. Knoblauch aus Ägypten kommt meist geräuchert in den Handel, dadurch bleibt er länger haltbar.

Party
Time

Für 4 Portionen
Zubereitungszeit: 45 Minuten

600 g mehligkochende Kartoffeln
100 ml Milch
150 ml Sahne
120 ml natives Olivenöl
4 Knoblauchzehen
Salz
schwarzer Pfeffer aus der Mühle
2 Bund Schnittlauch
2 EL Aceto balsamico
12 Garnelen
8 EL Vinaigrette (Rezept Seite 157)
12 Kirschtomaten
½ Kopf feiner Friséesalat
1 Bund Rucola

In feine Röllchen geschnitten, würzt Schnittlauch auch Salatsaucen, Suppen und Eierspeisen.

Saures
Kartoffelpüree
mit Garnelen

❶ Die Kartoffeln schälen, in Stücke schneiden und in einem Topf weich kochen. Anschließend passieren oder stampfen.

❷ Milch, Sahne und 80 ml Olivenöl in einem Topf aufkochen lassen. Die Knoblauchzehen schälen und fein hacken, hinzufügen und das Ganze nach und nach zu den Kartoffeln geben. Mit Salz und Pfeffer würzen.

❸ Den Schnittlauch waschen und trocken schütteln. In Röllchen schneiden und zum Püree geben. Den Aceto balsamico einrühren.

❹ Die Garnelen bis auf das Schwanzende schälen. Den Darm entfernen. Die Meeresfrüchte mit Salz und Pfeffer würzen. Das restliche Olivenöl erhitzen und die Garnelen rundum anbraten.

❺ Die Vinaigrette herstellen. Die Tomaten waschen und in Viertel schneiden. Den Friséesalat putzen und waschen. Die Tomaten und den Salat mit der Vinaigrette marinieren. Den Rucola putzen, waschen und trocken schleudern.

❻ Nun große Nocken vom Kartoffelpüree auf einem Teller anrichten und dazwischen die Garnelen mit den Tomaten platzieren. Mit den Salatblättern garnieren.

Für 4 Portionen
Zubereitungszeit: 45 Minuten

je 1 gelbe und rote Gemüsepaprika
500 g Zittauer Gelbe (alternativ
 Stuttgarter Riesen)
1 Knoblauchzehe
3 Stängel Zitronengras
2 EL Rohrohrzucker
30 ml Aceto balsamico bianco
20 ml Sesamöl
1 l Geflügelbrühe (Rezept Seite 156)
200 g Poulardenbrust ohne Haut
1 TL Curry, scharf
1 EL Rapsöl
75 g Zuckerschoten

❶ Die Paprika waschen, halbieren, entkernen und die weißen Trennwände entfernen. Die Paprikahälften in schmale Streifen schneiden. Die Zwiebeln schälen und in feine Ringe schneiden. Die Knoblauchzehe schälen und fein hacken. Das Zitronengras längs halbieren und mit einem breiten Messer anquetschen.

❷ Den Zucker in einem Topf karamellisieren lassen und mit dem Aceto balsamico bianco ablöschen.

❸ Sesamöl, Zwiebeln, Paprika, Knoblauch und Zitronengras dazugeben. Mit der Brühe auffüllen und 20 Minuten köcheln lassen.

❹ In der Zwischenzeit das Fleisch in Streifen schneiden. Mit Curry würzen. Das Öl in einer Pfanne erhitzen und die Fleischstreifen scharf anbraten.

❺ Die Zuckerschoten in Salzwasser eine Minute blanchieren, abgießen und bis zum Ansatz in feine Streifen schneiden. Zusammen mit den Fleischstreifen an die Suppe geben. Das Zitronengras entfernen und die Suppe anrichten.

Süßsaure Zwiebelsuppe
mit Paprika und Zitronengras

Für 4 Portionen
Zubereitungszeit: 50 Minuten

12 Knoblauchzehen
2 Zweige Rosmarin
2 Zweige Thymian
3 Salbeiblätter
4 Tomaten
½ Bund Schnittlauch
30 ml natives Olivenöl
1 l Rinderbrühe (Rezept Seite 163)
4 Scheiben Baguette
4 Lammfilets à 80 g

Lassen Sie den Knoblauch nie verbrennen, er schmeckt sonst bitter.

Klare Knoblauchsuppe
mit Kräutern und Lammfilets

❶ Die Knoblauchzehen schälen und in feine Scheiben schneiden. Die Blättchen von Rosmarin und Thymian abstreifen und fein hacken. Die Salbeiblätter fein hacken. Die Tomaten 10 Sekunden in kochendes Wasser legen, kalt abspülen, enthäuten und entkernen, anschließend in Würfel schneiden. Den Schnittlauch waschen, trocken schütteln und in feine Röllchen schneiden. Einige Knoblauchscheiben, Tomatenwürfel und Schnittlauchröllchen für die Deko beiseitestellen.

❷ Die Hälfte des Olivenöls in einer weiten, tiefen Pfanne erhitzen und den Knoblauch glasig anschwitzen. Die Kräuter hinzufügen, die Brühe angießen und aufkochen lassen. 20 Minuten ziehen lassen. Anschließend die Schnittlauchröllchen und die Tomatenwürfel dazugeben.

❸ Das restliche Olivenöl in einer Pfanne erhitzen und die Baguettescheiben von beiden Seiten rösten. Die Lammfilets rosa braten und in Stücke schneiden.

❹ Die Lammfiletstücke in tiefe Teller geben und die Suppe darüberlöffeln. Die Baguettescheiben dazu reichen oder in die Suppe geben und mit Tomatenwürfeln, Knoblauchscheiben und Schnittlauchröllchen bestreuen.

Für 4 Portionen
Zubereitungszeit: 1 Stunde

4 Stängel glattblättrige Petersilie
½ Bund Schnittlauch
3 Stängel Koriander
5 Knoblauchzehen
3 EL Crème fraîche
3 EL Frischkäse
2 Spritzer Aceto balsamico bianco
Salz
2 Prisen Cumin (Kreuzkümmelpulver)
16 Wildwassergarnelen
30 ml natives Olivenöl
30 ml Maiskeimöl
½ Chilischote
2 EL Butter
8 Bauernbrotscheiben
1 Mini-Romanasalat

Außerdem

Chilifäden und Blättchen von der Sekura-
   und der Daikonkresse zum Garnieren

❶   Petersilie, Schnittlauch und Koriander waschen und trocken schütteln. Die Blätter von Petersilie und Koriander von den Zweigen zupfen und fein hacken. Den Schnittlauch in Röllchen schneiden. 1 Knoblauchzehe schälen und fein hacken.

❷   Die Kräuter und den Knoblauch mit der Crème fraîche und dem Frischkäse vermengen und zusammen mit dem Aceto balsamico bianco glatt rühren. Mit Salz und Cumin würzen.

❸   Die Garnelen von der Schale befreien. Den Darm entfernen. Die restlichen Knoblauchzehen schälen und in feine Scheiben schneiden. Die beiden Ölsorten in einer Pfanne erhitzen und die Garnelen kurz braten. Knoblauch zu den Garnelen geben, ebenso die Chilischote im Ganzen und alles salzen. Die Pfanne vom Herd nehmen und die Garnelen 30 Minuten ziehen lassen.

❹   Die Butter in einer Pfanne zerlassen und die Brotscheiben nacheinander hellbraun rösten.

❺   Zum Anrichten etwas Kräutercreme auf das Brot streichen, anschließend den gewaschenen und in Streifen geschnittenen Salat darauf verteilen. Darauf die Garnelen legen. In die Zwischenräume noch etwas von der Creme spritzen. Mit Chilifäden und Sekurakresse-sowie Daikonkresse-Blättchen garnieren.

Knoblauch-garnelen
mit geröstetem Bauernbrot und Kräutercreme

Für 4 Portionen
Zubereitungszeit: 40 Minuten

1 Schalotte
4 Knoblauchzehen
1 Zweig Thymian
6 EL Olivenöl
1 EL Pancettawürfel
20 ml Riesling
800 ml Geflügelbrühe (Rezept Seite 156)
1 mehligkochende Kartoffel (80 g), geschält
200 ml Sahne

30 g kalte Butter, in Würfel geschnitten
200 g Parmesan, frisch gerieben
4 Basilikumblattspitzen
30 g Parmesan, frisch gehobelt
4 Baguettescheiben
4 EL Tomatenwürfel
2 Basilikumblätter
Salz
schwarzer Pfeffer aus der Mühle

Knoblauch-
Parmesan-Süppchen
mit Tomatencrostini

❶ Die Schalotte und die Knoblauchzehen schälen und fein hacken. Den Thymianzweig waschen und trocken schütteln. Die Blättchen abstreifen. 2 EL Olivenöl in einem Topf erhitzen und Schalotten, Knoblauch und Pancetta glasig anschwitzen. Den Thymian hinzufügen und mit dem Riesling ablöschen. Die Geflügelbrühe angießen.

❷ Die Kartoffel in Würfel schneiden und hinzufügen. Etwa 20 Minuten bei niedriger Hitze köcheln lassen. Anschließend das Ganze durch ein Sieb passieren. Die Sahne hinzufügen und nochmals aufkochen lassen. Mit der kalten Butter und 170 g Parmesan binden.

❸ Die Basilikumblattspitzen und den gehobelten Parmesan auf die Suppe geben. Die Baguettescheiben im restlichen Olivenöl in einer Pfanne rösten, ebenfalls in die Suppe geben und mit den mit Salz und Pfeffer gewürzten Tomatenwürfeln bestreuen. Mit Tomatenwürfeln bestreuen.

❹ Alternativ das restliche Olivenöl in einer Pfanne erhitzen und die Baguettescheiben von beiden Seiten goldbraun braten. Den Backofen auf 230 °C vorheizen. Die Basilikumblätter in Streifen schneiden. Die Tomatenwürfel mit Salz und Pfeffer würzen, mit den Basilikumblattspitzen vermengen und auf den Baguettescheiben verteilen. Den restlichen Parmesan darüber verteilen und im heißen Ofen zwei Minuten überbacken. Zum Schluss die Brotscheiben in die Suppe geben oder getrennt zur Suppe reichen.

Für 4 kleine Portionen
Zubereitungszeit: 40 Minuten

2 kg Miesmuscheln
4 Tropeazwiebeln (Cipolle di Tropea)
2 Knoblauchzehen
4 EL Olivenöl
40 ml Chardonnay
4 Tomaten
1 rote Gemüsepaprika
1 Zucchini
1 Prise Safranpulver
1 EL Tomatenmark
4 Zweige Thymian
Frühlingszwiebelröllchen

Zum Anrichten optional
12 Baguettescheiben, hauch-
    dünn geschnitten
100 g Parmesan, frisch gerieben

❶ Die Muscheln putzen, dabei den Bart entfernen und beschädigte oder geöffnete Muscheln entfernen. Die Muscheln waschen und abtropfen lassen.

❷ Die Zwiebeln schälen, eine davon in schmale Spalten schneiden. Eine Knoblauchzehe schälen und in Scheiben schneiden. 2 EL Olivenöl in einem großen Topf erhitzen und Zwiebelspalten sowie Knoblauchscheiben glasig anschwitzen. Die Muscheln dazugeben und mit dem Wein ablöschen. Zugedeckt bei starker Hitze acht bis zehn Minuten garen, bis die Muscheln geöffnet sind. Ab und zu umrühren. Die Muscheln herausnehmen. Den Muschelsud durch ein Sieb passieren und beiseitestellen. Das Fleisch der Muscheln auslösen, dabei geschlossene Muscheln wegwerfen. Ein Teil der Muscheln als Garnitur in der Schale lassen.

❸ Die restlichen Zwiebeln fein hacken. Die restliche Knoblauchzehe schälen und ebenfalls fein hacken. Die Tomaten häuten. Die Paprika mit einem Sparschäler schälen, halbieren, entkernen und die weißen Trennwände entfernen. Die Zucchini waschen. Das Gemüse in kleine Würfel schneiden. Das restliche Olivenöl erhitzen und das Gemüse anbraten. Safran und Tomatenmark dazugeben. Kurz mitrösten und mit dem Muschelsud ablöschen. Fünf Minuten dünsten.

❹ Den Thymian waschen und trocken schütteln. Mit den Frühlingszwiebeln zum Gemüsesud geben. Dann die Muscheln hinzufügen.

❺ In einer Auflaufform anrichten oder auf tiefen Tellern servieren. Wer möchte, kann das Gericht mit jeweils drei Baguettescheiben (oder Brotchips) belegen und mit dem Parmesan bestreuen. Unter dem Backofengrill fünf Minuten überbacken.

Mediterranes
Muschelragout
mit Tropea-Zwiebeln

Für 4 Portionen
Zubereitungszeit: 1 Stunde

80 g Schafskäse
4 große Gemüsezwiebeln
Salz
100 g Champignons
1 EL getrocknete Tomaten
2 EL Butter
250 g Hackfleisch halb und halb
schwarzer Pfeffer aus der Mühle
50 ml Sahne
2 EL Petersilie, fein gehackt
1 l Rinderbrühe (Rezept Seite 163)

Außerdem
Butter für die Form

❶ Den Schafskäse in Würfel schneiden. Die Zwiebeln schälen und in leicht gesalzenem Wasser etwa zehn Minuten garen. Die Zwiebeln mit einem Schaumlöffel herausnehmen und abtropfen lassen. Von den Zwiebeln einen Deckel abschneiden und das Innere der Zwiebeln mit einem kleinen Löffel aushöhlen. Die Hälfte dieser Zwiebelmasse etwas zerkleinern.

❷ Den Backofen auf 200 °C vorheizen.

❸ Die Champignons putzen und in Viertel schneiden. Die getrockneten Tomaten in Streifen schneiden. Die Butter in einer großen, tiefen Pfanne zerlassen und die Champignons sowie die zerkleinerte Zwiebelmasse anschwitzen, bis die Zwiebeln glasig sind. Das Hackfleisch und die getrockneten Tomaten hinzufügen und das Ganze kräftig anbraten. Mit Salz und Pfeffer würzen und die Sahne sowie die Petersilie unterrühren. Die Masse in die Zwiebeln füllen.

❹ Eine Auflaufform mit Butter ausstreichen und die gefüllten Zwiebeln hineinsetzen. In die Zwischenräume die restlichen Champignonviertel geben. Mit der Brühe übergießen. Im heißen Ofen 25 Minuten schmoren, nach der Hälfte der Garzeit mit Alufolie abdecken.

Gefüllte Zwiebeln
mit Hackfleisch, Pilzen und Schafskäse

Für 4 Portionen
Zubereitungszeit: 1 Stunde

8 Bauernbrotscheiben
80 ml natives Olivenöl
3 rote Gemüsepaprika
Salz
3 Avocados
1 Knoblauchzehe, geschält
1 EL Sweet-Chili-Sauce
1 Bio-Zitrone, abgeriebene Schale und Saft
12 Schalotten
40 ml Aceto balsamico
100 ml Gemüsebrühe

Schalotten gelten, da nicht beißend scharf, als die feinsten in der großen Zwiebelfamilie.

Röstbrot
mit gegrillter Paprika, Avocado und Schalotten

❶ Den Backofen auf 160 °C vorheizen.

❷ Die Brotscheiben mit etwas Olivenöl beträufeln und zehn Minuten im heißen Ofen rösten. Die Temperatur des Backofens auf 170 °C erhöhen.

❸ Die Paprika waschen, halbieren, entkernen und die weißen Trennwände entfernen. Die Paprikahälften ebenfalls mit etwas Olivenöl beträufeln und mit der Hautseite nach oben im heißen Ofen auf der mittleren Schiene 25 Minuten rösten. Herausnehmen, etwas abkühlen lassen und die Haut abziehen.

❹ Die Paprika kurz auf einen Holzkohlengrill, in eine Grillpfanne oder auf eine Grillplatte legen. Anschließend salzen und in breite Streifen schneiden.

❺ Die Avocados schälen. Das Fleisch von zwei Avocados mit der Knoblauchzehe, der Sweet-Chili-Sauce und dem Zitronenabrieb und -saft fein mixen. Die restliche Avocado in Spalten schneiden.

❻ Die Schalotten schälen und der Länge nach in Viertel schneiden. Das restliche Olivenöl erhitzen und die Schalotten kräftig anbraten. Mit Aceto balsamico und Gemüsebrühe ablöschen und sämig einkochen lassen.

❼ Das Gemüse auf dem Brot anrichten. Die Avocadomousse in einem Schälchen danebenstellen.

Für 4 Portionen
Zubereitungszeit: 1 Stunde

6 festkochende Kartoffeln
160 ml natives Olivenöl
140 ml Geflügelbrühe (Rezept Seite 156)
½ TL Senf
4 EL Rotweinessig
Salz
schwarzer Pfeffer aus der Mühle
2 Tomaten
¼ Fenchelknolle
2 EL Tomatenmark
2 Prisen Zucker
2 Schalotten

1–2 Knoblauchzehe(n)
50 g Butter
1 EL Risottoreis
2 Spritzer Aceto balsamico bianco
½ Bund Senfkresse
4 Blätter Radicchio
2 Matjesheringe, die Filets ausgelöst
4 Radieschen

Kartoffelsalat
mit Soubise

❶   Die Kartoffeln waschen, weich kochen und schälen. In gleichmäßige Scheiben schneiden. Aus 6 EL Olivenöl, 4 EL Geflügelbrühe, Senf und dem Rotweinessig eine Vinaigrette herstellen und mit Salz und Pfeffer würzen. Die Kartoffeln mit der Vinaigrette marinieren.

❷   Die Tomaten waschen und in Viertel schneiden. Den Fenchel putzen und waschen. Etwas Olivenöl in einem Topf erhitzen und die Tomaten kurz anschwitzen. Tomatenmark, Salz, Zucker und den Fenchel dazugeben. Zehn Minuten köcheln lassen. Anschließend mit dem Pürierstab fein mixen und durch ein Sieb passieren.

❸   Nun für die Soubise die Schalotten und die Knoblauchzehe(n) schälen und fein hacken. Die Butter in einem Topf zerlassen und die Schalotten sowie den Knoblauch glasig anschwitzen. Den Risottoreis dazugeben und die restliche Geflügelbrühe angießen. Wie Risotto köcheln lassen, bis der Reis nach etwa 20 Minuten weich ist. Mixen und mit Aceto balsamico bianco und Salz würzen.

❹   Das restliche Olivenöl mit der Senfkresse im Mörser fein zermahlen. Radicchio und Radieschen waschen, trocken tupfen und mit 2–3 EL von der Vinaigrette der Kartoffelscheiben marinieren.

❺   Die Matjesfilets auf die Teller verteilen. Daneben den Kartoffelsalat anrichten und mit Tupfern von der Zwiebelcreme (Soubise), dem Tomatenpüree und der Senfkressesauce garnieren.

Für 4 Portionen
Zubereitungszeit: 25 Minuten

5 EL helle Sojasauce
5 EL Reisessig
7 EL natives Olivenöl
3 TL Sesamöl
1 TL Wasabipaste
Salz
schwarzer Pfeffer aus der Mühle
Zucker
400 g Thunfisch (Sushiqualität)
2 reife Avocados
1½ Limetten, Saft
1 Knoblauchzehe, geschält, fein gehackt
   und zerdrückt

2 EL Korianderblätter, fein gehackt
2 EL Sweet-Chili-Sauce
2 rote Zwiebeln, geschält und fein gehackt
2 Tomaten, gewaschen und in Viertel
   geschnitten
½ TL Ingwer, frisch gerieben
1 TL Fenchelsamen
4 EL Aceto balsamico bianco
Blättchen von der Shiso Cress, Green
   und Purple

Guacamole
mit Knoblauch und
Thunfisch-Sashimi

❶   Für die Marinade Sojasauce, Reisessig, 4 EL Olivenöl, Sesamöl und Wasabipaste mit etwas Salz, Pfeffer und Zucker in einer Schüssel verrühren. Den Thunfisch in zentimeterdicke Scheiben schneiden und mit der Marinade beträufeln.

❷   Für die Avocadocreme die Avocados halbieren, entkernen und das Fruchtfleisch in kleine Stücke schneiden. Dann mit einer Gabel zerdrücken. Nacheinander Limettensaft, Knoblauch (1 Msp beiseitestellen), Koriander und Sweet-Chili-Sauce dazugeben.

❸   Für die Tomatenmarmelade das restliche Olivenöl in einem Topf erhitzen und die Zwiebeln ein bis zwei Minuten anschwitzen. Tomaten, Ingwer, die Msp Knoblauch, Fenchelsamen, 1 EL Zucker, Aceto balsamico bianco sowie Salz und Pfeffer hinzufügen und 15 Minuten köcheln lassen. Anschließend mit dem Pürierstab mixen und durch ein Sieb passieren.

❹   Streifen von der Avocadocreme und der Tomatenmarmelade auf den Teller geben und das Thunfisch-Sashimi daraufsetzen. Die Scheiben mit etwas Wasabimarinade überziehen und mit den Kresseblättchen garnieren.

Für 4 Portionen
Zubereitungszeit: 40 Minuten

400 g festkochende Kartoffeln
200 g grüne Bohnen
4 rote Gemüsepaprika
1 Spritzer Aceto balsamico
2 Eier
1 Eigelb
1 TL Senf
200 g Thunfisch in Öl, abgetropft
200 ml natives Olivenöl
Salz
1 TL Zitronensaft
4 EL Vinaigrette (Rezept Seite 157)
4 Eier, gekocht (9 Minuten)
200 g frischer Thunfisch
etwas feiner Friséesalat und
   Mini-Romanasalat
4 grüne Oliven (mit Stein)
8 Kirschtomaten, in Viertel geschnitten
4 Sardellenfilets

❶   Den Backofen auf 160 °C vorheizen.

❷   Die Kartoffeln schälen, etwa 20 Minuten in einem Topf weich kochen und in Scheiben schneiden. Die Bohnen putzen, waschen und etwa zehn Minuten bissfest kochen.

❸   Die Paprika waschen, halbieren, entkernen und die weißen Trennwände entfernen. Die Paprikahälften 25 Minuten in den heißen Ofen schieben. Anschließend herausnehmen und die Haut abziehen. Die Paprika in ein hohes Gefäß geben und mit dem Pürierstab fein mixen.

❹   Aceto balsamico, Eier, Eigelb und Senf hinzufügen und zusammen mit dem Thunfisch ebenfalls fein mixen. Zuerst tropfenweise, danach in feinem Strahl das Olivenöl dazugeben. Mit Salz und Zitronensaft würzen.

❺   Die Vinaigrette herstellen. Die gekochten Eier pellen und in Viertel schneiden. Den frischen Thunfisch in Würfel schneiden und mit 1 EL Vinaigrette marinieren. Nun den Salat mit 1 EL Vinaigrette marinieren. Bohnen, Oliven, Kirschtomaten und Kartoffeln in der restlichen Vinaigrette marinieren.

❻   Die Sardellenfilets klein schneiden und alles in einem Glas arrangieren. Das Paprikapüree und die Thunfischmayonnaise jeweils in einen Spritzbeutel geben und zwischen den Salat einige Tupfer setzen.

Salade à la niçoise
mit roten Zwiebeln, Kartoffeln und Thunfisch

After
Work

Für 4 Portionen
Zubereitungszeit: 30 Minuten

200 g Glasnudeln
1 Bund Frühlingszwiebeln
100 g Zuckerschoten
½ orangefarbene Gemüsepaprika
4 EL Maiskeimöl
12 Macadamianüsse
2 Entenbrüste
Salz
schwarzer Pfeffer aus der Mühle
1 EL helle Sesamsaat
2 Msp Ingwer, fein gehackt
1 EL Honig
2 EL Sesamöl
200 ml Teriyakisauce
½ Mango

❶   Die Glasnudeln zehn Minuten in kaltem Wasser einweichen.

❷   Die Frühlingszwiebeln und die Zuckerschoten putzen und waschen. Dann zwei Minuten in kochendem Salzwasser blanchieren. Anschließend durch ein Sieb abgießen und unter fließendem kaltem Wasser abschrecken. Die Frühlingszwiebeln anschließend in einer Grillpfanne grillen.

❸   Die Paprika waschen, halbieren, entkernen und die weißen Trennwände entfernen. Das Fruchtfleisch in Rauten schneiden. 1 EL Öl in einem Topf erhitzen und die Paprika kurz anbraten. Die Zuckerschoten und die Nüsse hinzufügen und kurz mitbraten.

❹   Die Entenbrüste mit Salz und Pfeffer würzen. Das restliche Öl in einer Pfanne erhitzen und die Entenbrüste langsam bei niedriger Hitze auf der Hautseite etwa sechs Minuten braten. Anschließend wenden, die Pfanne vom Herd ziehen und das Fleisch vier Minuten ruhen lassen.

❺   Danach die Entenbrüste aus der Pfanne nehmen und den Sesam in der Pfanne rösten. Nacheinander Ingwer, Honig, Sesamöl und die Teriyakisauce dazugeben.

❻   Die Mango schälen, das Fruchtfleisch vom Kern und anschließend in Würfel schneiden.

❼   Nun die Glasnudeln eine Minute in Salzwasser kochen. Mit der Hälfte der Sesammarinade marinieren.

❽   Die Entenbrust mit der restlichen Marinade glacieren. Zum Anrichten die Glasnudeln und das Gemüse auf den Teller geben und die Entenbrust darauf platzieren.

Salat von Frühlingszwiebeln mit Mango und Entenbruststreifen

Für 4 Portionen
Zubereitungszeit: 50 Minuten

1 kg Höri Bülle
3 Knoblauchzehen
3 Zweige Thymian
1 Zweig Rosmarin
160 g Ziegenkäse
20 ml Olivenöl
10 g Butter
1,2 l Geflügelbrühe (Rezept Seite 156)
Salz
schwarzer Pfeffer aus der Mühle
4 Scheiben Baguette
1 EL halbgetrocknete Tomaten

Höri-Bülle-Suppe
mit Ziegenkäse

❶ Die Zwiebeln schälen, halbieren und in feine Streifen schneiden. Die Knoblauchzehen schälen und in feine Scheiben schneiden. Die Blättchen von den Thymianzweigen und dem Rosmarinzweig abstreifen und fein hacken.

❷ Die Hälfte des Ziegenkäses in vier Scheiben schneiden und den Rest grob zupfen.

❸ Einen Bräter erhitzen. Dann 1 EL Olivenöl zusammen mit der Butter, den Zwiebeln, Thymian, Rosmarin und Knoblauch hineingeben. Unter mehrmaligem Rühren etwa 15 Minuten zugedeckt dünsten, ohne dass die Zwiebeln Farbe annehmen. Anschließend den Deckel abnehmen, die Hitze erhöhen und die Zwiebeln unter ständigem Rühren goldgelb braten. Die Brühe angießen.

❹ Den Backofen auf 220 °C vorheizen. Den Bräter in den heißen Ofen stellen und die Suppe 20 Minuten köcheln lassen. Mit Salz und Pfeffer würzen.

❺ Die Suppe in vier ofenfeste Suppenschalen geben. Je eine Baguettescheibe daraufgeben und mit dem restlichen Olivenöl beträufeln. Die Ziegenkäsescheiben darauflegen. Die Suppenschalen zum Gratinieren in den heißen Ofen stellen. Herausnehmen und mit dem zerzupften Käse und den halbgetrockneten Tomaten bestreuen.

Für 4 Portionen
Zubereitungszeit: 40 Minuten

2 Tomaten
1 Zucchini
2 Eigelbe
1 TL Senf
2 Knoblauchzehen, geschält
   und fein gehackt
Salz
1 g Safran
1 Spritzer Zitronensaft
100 ml Pflanzenöl
100 ml natives Olivenöl

1 Ciabattabrötchen
3 EL Rapsöl
schwarzer Pfeffer aus der Mühle
4 Basilikumblätter
80 ml Rinderbrühe (Rezept Seite 163)
80 g kalte Butter in Würfeln
520 g Rascassefilets (Drachenkopffisch)
einige Rucolablätter, in feine Streifen
   geschnitten
Basilikumblattspitzen

Sautierter Rascasse
mit Safran-Knoblauch-Creme und Tomaten-Zucchini-Ragout

❶ Die Tomaten überbrühen, häuten und das Fruchtfleisch in Würfel schneiden. Die Zucchini waschen und den Stiel- und Blütenansatz entfernen. Die Zucchini in Würfel schneiden.

❷ Die Eigelbe mit Senf, Knoblauch, etwas Salz, Safran und Zitronensaft verrühren. Langsam beide Öle dazugeben (dabei 1 TL beiseitestellen) und weiterrühren, bis eine dicke Creme entstanden ist.

❸ Den Backofen auf 175 °C vorheizen. Das Ciabattabrötchen in hauchdünne Scheiben schneiden. Mit dem beiseitegestellten Olivenöl beträufeln und acht Minuten im heißen Ofen rösten. Auskühlen lassen. Ein wenig Knoblauchcreme in Tupfern aufspritzen.

❹ 1 EL Rapsöl in einem Topf erhitzen und die Zucchiniwürfel anbraten. Mit Salz und Pfeffer würzen. Die Basilikumblätter in feine Streifen schneiden und zusammen mit den Tomaten dazugeben. Die Brühe angießen und aufkochen lassen. Die Butterwürfel einrühren, bis die Brühe leicht sämig ist.

❺ Das restliche Rapsöl in einer Pfanne erhitzen und die Rascassefilets vier bis fünf Minuten auf der Hautseite braten, anschließend in der heißen Pfanne wenden. Auf dem Gemüseragout anrichten und mit den Rucolablättern, den Brotscheiben und den Basilikumblattspitzen garnieren.

Für 4 Portionen
Zubereitungszeit: 75 Minuten

250 g weiße Zwiebeln
250 ml Weißwein, trocken
1½ Zitronen, Saft
Gewürzbeutel (oder Tee-Ei) mit:
    1 EL Wacholderbeeren, 1 EL weißen
    Pfefferkörnern, 1 TL Korianderkörnern,
    1 Lorbeerblatt, 1 Gewürznelke
150 ml mildes natives Olivenöl
4 Basilikumblätter
6 Minzeblätter
4 große festkochende Kartoffeln
1 Knoblauchzehe
1 Zweig Thymian
etwa 500 g Saiblingsfilet mit Haut
2 EL Maiskeimöl
Salz
schwarzer Pfeffer aus der Mühle

❶   Die Zwiebeln schälen und in einzelne kleine Segmente schneiden. Zusammen mit dem Weißwein, Zitronensaft, Gewürzbeutel (oder Teeei) und 100 ml Olivenöl aufkochen lassen und bei niedriger Hitze 30 Minuten köcheln lassen. Basilikum und Minze fein hacken und später, unmittelbar vor dem Servieren, zu den Zwiebeln geben.

❷   Den Backofen auf 180 °C erhitzen.

❸   Die Kartoffeln schälen und in zentimetergroße Würfel schneiden. Das restliche Olivenöl in einer ofenfesten Pfanne erhitzen und die Kartoffeln rundum anbraten. Die Knoblauchzehe mit Schale zerdrücken. Zusammen mit dem Thymianzweig zu den Kartoffeln geben und für 20 Minuten in den heißen Ofen schieben.

❹   Das Maiskeimöl in einer Pfanne erhitzen. Das Saiblingsfilet zwei bis drei Minuten auf der Hautseite anbraten, wenden, mit Salz und Pfeffer würzen, in vier Portionen teilen und auf den gekräuterten Zwiebeln sowie Kartoffeln anrichten.

Weißes
Zwiebelconfit mit
gebratenem Bachsaiblingsfilet

Für 4 Portionen
Zubereitungszeit: 40 Minuten

4 mittelgroße festkochende Kartoffeln
Salz
4 schwarze Knoblauchzehen (Seite 165)
80 g Butter
100 ml Sahne
1 rote Zwiebel
1 rote Gemüsepaprika
1 Zucchini
4 EL natives Olivenöl
1 Zweig Thymian
12 Jakobsmuscheln ohne Corail
schwarzer Pfeffer aus der Mühle

Jakobsmuscheln
auf schwarzer Knoblauch-creme mit Ratatouille

❶ Die Kartoffeln schälen und in leicht gesalzenem Wasser weich kochen. Die Kartoffeln abgießen und den Knoblauch dazugeben. Die Butter mit der Sahne aufkochen lassen. Die Kartoffeln und den Knoblauch mit dem Kartoffelstampfer stampfen und die Butter mit der Sahne hinzufügen.

❷ Die Zwiebel schälen. Die Paprika waschen, halbieren, entkernen und die weißen Trennwände entfernen. Die Paprikahälften in grobe Würfel schneiden. Die Zucchini waschen, den Stiel- und Blütenansatz entfernen und ebenfalls in grobe Würfel schneiden.

❸ 2 EL Olivenöl in einer Pfanne erhitzen und die Paprika- sowie Zucchiniwürfel anbraten, dabei den Thymianzweig einlegen.

❹ Die Jakobsmuscheln mit Salz und Pfeffer würzen. Das restliche Olivenöl in einer zweiten Pfanne erhitzen und die Jakobsmuscheln auf jeder Seite etwa eine Minute braten.

❺ Das Gemüse auf der schwarzen Knoblauchcreme auf dem Teller anrichten und jeweils drei Jakobsmuscheln daraufsetzen.

Für 4 Portionen
Zubereitungszeit: 75 Minuten

250 g Laaer Zwiebeln
7 EL Maiskeimöl
50 ml roter Portwein
50 ml Rotwein
1 TL Zucker
16 Salbeiblätter
1 Lorbeerblatt
½ TL Salz
50 ml Rotweinessig
50 ml Aceto balsamico

300 g mehligkochende Kartoffeln
50 ml Milch
70 ml Sahne
40 g Butter
Salz
schwarzer Pfeffer aus der Mühle
½ Bund Schnittlauch
600 g Kalbsleber
Mehl

Kalbsleber mit eingelegten Laaer Zwiebeln

❶   Die Zwiebeln schälen und in dicke Spalten schneiden. 3 EL Mais-keimöl erhitzen und die Zwiebeln anschwitzen. Mit dem Portwein und Rotwein ablöschen und fast vollständig reduzieren. Dann Zucker, vier Salbeiblätter, Lorbeerblatt, Salz und die beiden Essige dazugeben. Mindestens eine Stunde ziehen lassen. Das Lorbeerblatt und die Salbei-blätter herausnehmen.

❷   Die Kartoffeln schälen, weich kochen und passieren oder stamp-fen. Milch, Sahne und Butter aufkochen lassen und nach und nach zu den Kartoffeln geben. Mit Salz und Pfeffer würzen.

❸   Den Schnittlauch waschen, trocken schütteln und in Röllchen schneiden. Zu dem Kartoffelpüree geben.

❹   Die Leber in dünne Scheiben schneiden. In etwas Mehl wälzen. Das restliche Öl in einer Pfanne erhitzen und die Leberscheiben von beiden Seiten kurz und scharf braten. Die Leber soll im Kern noch rosa bleiben. Anschließend mit Salz und Pfeffer würzen und aus der Pfanne nehmen.

❺   Die restlichen Salbeiblätter in derselben Pfanne knusprig braten und beiseitestellen.

❻   Zum Anrichten das Kartoffelpüree auf den Teller geben. Die Leber und die Zwiebeln darauflegen und mit den Salbeiblättern garnieren.

Für 4 Portionen
Zubereitungszeit: 1 Stunde

8 Cipolline borettane
300 ml Geflügelbrühe
2 Spritzer Aceto balsamico bianco
1 Bio-Orange
600 ml Orangensaft
3 g Agar-Agar
10 g Ingwer, geschält und frisch gerieben
½ TL Fenchelsamen
600 g schierer Lammrücken
4 EL Olivenöl
Salz
schwarzer Pfeffer aus der Mühle
400 g breite Bohnen
30 g Butter
100 ml Milch
1 Msp Fenchelsamen, gemahlen
1 Msp Cumin (Kreuzkümmelpulver)
1 Msp Rosmarin, gemahlen
4 EL Lammjus (Rezept Seite 158)

❶ Die Zwiebeln schälen und zehn Minuten in der Geflügelbrühe mit dem Aceto balsamico bianco köcheln lassen. Nun die Zwiebeln halbieren und vorsichtig in die einzelnen Schuppen zerteilen. Auf diese Weise erhält man Minischalen.

❷ Die Orange heiß abwaschen, trocken reiben und die Schale in Zesten abreißen. Die Orange auspressen und den Saft mit den weiteren 600 ml auf 300 ml einkochen lassen. Agar-Agar und Ingwer mit den Fenchelsamen dazugeben und eine weitere Minute kochen. Anschließend kalt stellen, bis die Masse fest ist. Danach fein mixen und durch ein Sieb passieren.

❸ Den Backofen auf 165 °C vorheizen. Den Lammrücken portionieren. Das Olivenöl in einer großen ofenfesten Pfanne erhitzen und das Fleisch jeweils von beiden Seiten anbraten. Mit Salz und Pfeffer würzen und ein bis zwei Minuten im heißen Ofen garen. Anschließend herausnehmen und zugedeckt in der Pfanne vier bis fünf Minuten ziehen lassen.

❹ Währenddessen die Bohnen putzen und waschen. Danach in gut gesalzenem Wasser acht Minuten garen. Anschließend durch ein Sieb abgießen. Die Butter in einem breiten Topf zerlassen und die Bohnen darin schwenken. Mit Salz und Pfeffer würzen.

❺ Die Milch aufkochen lassen, leicht salzen und zu Milchschaum aufmixen. In die Zwiebelschalen geben und mit den gemahlenen Gewürzen bestäuben. Die Orangencreme in einen Spritzbeutel geben.

❻ Zum Anrichten die Bohnen auf den Teller geben und den Lammrücken daraufsetzen. Die Orangencreme in kleinen Tupfern daneben platzieren und mit den Zwiebeln garnieren. Den Lammjus aufkochen lassen und angießen.

Lammrücken
mit Cipolline borettane, Orange und Gewürzmilch

Für 4 Portionen
Zubereitungszeit: 30 Minuten

500 g festkochende Kartoffeln
1 l Geflügelbrühe (Rezept Seite 156)
1 Stange Lauch (etwa 400 g)
1 Knoblauchzehe
2 Frühlingszwiebeln
½ Bund Petersilie
125 g Crème fraîche
Salz
weißer Pfeffer aus der Mühle
2–3 EL Zitronensaft
1 EL Schmand

Außerdem
Kerbelblättchen zum Garnieren
schwarzer Pfeffer, geschrotet

Zarter Sommerlauch eignet sich
sowohl für Rohkostsalate als
auch für Suppen, Eintöpfe und
Fleisch- und Fischgerichte.

Vichyssoise
mit jungem Lauch

❶ Die Kartoffeln waschen, schälen und in Würfel schneiden. Die Brühe in einen Topf füllen und die Kartoffeln zehn Minuten kochen.

❷ Den Lauch putzen, längs halbieren, waschen und in grobe Stücke schneiden. Die Knoblauchzehe schälen und fein hacken. Die Frühlingszwiebeln putzen und waschen. Das Weiße abschneiden und in Scheiben schneiden. Den grünen Teil beiseitelegen.

❸ Die Petersilie waschen und trocken schütteln. Lauch, Knoblauch und die Frühlingszwiebelscheiben in den Topf mit den Kartoffeln geben und weitere zehn Minuten kochen. Die Petersilie hinzufügen.

❹ Die Suppe mit dem Pürierstab fein mixen und vollständig abkühlen lassen. Die Crème fraîche unter die kalte Suppe rühren und mit Salz, Pfeffer und 2 EL Zitronensaft würzen.

❺ Den Schmand mit 1 TL Zitronensaft verrühren. Mit Salz abschmecken und in einen Einwegspritzbeutel geben. Auf die Suppe aufspritzen.

❻ Nun den beiseitegelegten grünen Teil der Frühlingszwiebeln in feine lange Streifen schneiden und damit die Suppe zusammen mit einem Kerbelblättchen garnieren. Etwas geschroteten schwarzen Pfeffer auf den Schmand geben.

1 rote Zwiebel
4 Geflügellebern
8 EL Maiskeimöl
4 Schweinefilets (à etwa 120 g)
1 Kohlrabi
100 g Karotten
50 g Butter
60 g breite Bohnen
4 Stangen weißer Spargel
Salz
½ Bund Petersilie
schwarzer Pfeffer aus der Mühle
8 EL Geflügeljus (Rezept Seite 160)

❶ Die Zwiebel schälen und in Ringe schneiden. Die Geflügellebern von Haut und Sehnen befreien und in Würfel schneiden. 4 EL Öl in einer Pfanne erhitzen und die Zwiebeln glasig anschwitzen. Die Lebern dazugeben und kurz weiterbraten. Anschließend aus der Pfanne nehmen.

❷ Das Schweinefilet von den Sehnen befreien. Mit einem Messer ein Loch der Länge nach durch das Schweinefilet stechen und dieses mit der Zwiebel-Leber-Masse füllen.

❸ Das Gemüse schälen bzw. putzen und waschen. Den Kohlrabi und die Karotten in gleich große Scheiben schneiden. Die Butter in einem Topf zerlassen und Kohlrabi sowie Karotten bei niedriger Hitze weich garen.

❹ Die Bohnen und den Spargel getrennt in gut gesalzenem Wasser acht Minuten bissfest kochen. Für die Bohnen etwas mehr Salz in das Kochwasser geben. Anschließend herausnehmen und sorgfältig abtropfen lassen. Die Bohnen in schmale Streifen und den Spargel in Stücke schneiden. Beides mit dem anderen Gemüse vermengen.

❺ Die Petersilie waschen und trocken schütteln. Die Blätter von den Stängeln zupfen und fein hacken. Anschließend zum Gemüse geben.

❻ Den Backofen auf 175 °C vorheizen. Die Schweinefilets mit Salz und Pfeffer würzen. Das restliche Öl in einer ofenfesten Pfanne erhitzen und die Schweinefilets rundum braun braten. Für vier Minuten in den heißen Ofen geben. Herausnehmen und anschließend zugedeckt sechs Minuten ruhen lassen.

❼ Zum Anrichten das Schweinefilet in Scheiben schneiden und auf dem Gemüse anrichten. Den Jus aufkochen lassen und angießen.

Mit roten Zwiebeln und Geflügelleber gefülltes Schweinefilet auf jungem Gemüse

Lunch
Time

Für 4 Portionen
Zubereitungszeit: 40 Minuten

1 Bund Suppengrün
1 braune Haushaltszwiebel, geschält
   und halbiert
Salz
600 g mehligkochende Kartoffeln
80 g Butter
1 Knoblauchzehe, geschält und durch
   die Knoblauchpresse gedrückt
2 EL Meerrettich
80 ml Milch
200 ml Sahne

1 Bund Schnittlauch
600 g Kabeljaufilet
200 ml Fischfond (Rezept Seite 161)
50 g Crème fraîche
10 g Speisestärke
schwarzer Pfeffer aus der Mühle
150 g Erbsen (TK)

Pochierter Kabeljau auf Schnittlauchstampf

❶ Ein Liter Wasser mit dem gewaschenen Suppengrün und den Zwiebelhälften zehn Minuten köcheln lassen. Anschließend gut salzen, sogar leicht versalzen.

❷ Die Kartoffeln schälen und in grobe Stücke schneiden. In leicht gesalzenem Wasser 20 Minuten köcheln lassen. Dann abgießen und mit Butter, Knoblauch und Meerrettich stampfen. Milch und 100 ml Sahne hinzufügen. Den Schnittlauch waschen, trocken schütteln, in feine Röllchen schneiden und in den Stampf einarbeiten.

❸ Das Kabeljaufilet portionieren und in den kochenden Gemüsesud geben. Die Hitze abschalten und das Kabeljaufilet zehn Minuten ziehen lassen.

❹ Den Fischfond mit der restlichen Sahne und der Crème fraîche aufkochen lassen. Die Speisestärke mit etwas Wasser glatt rühren und dazugeben. Nochmals aufkochen und bis zur gewünschten Konsistenz einkochen lassen. Mit Salz und Pfeffer würzen.

❺ Die Erbsen nach Packungsanweisung garen. Die Sauce mit dem Pürierstab mixen. Den Kabeljau mit den Erbsen und dem Kartoffelstampf auf dem Teller anrichten und mit der Sauce überziehen.

Für 4 Portionen
Zubereitungszeit: 45 Minuten

2 Forellen à 350–400 g
Salz
schwarzer Pfeffer aus der Mühle
8 EL Mehl
2 Eier, verquirlt
100 g Paniermehl
300 g Höri Bülle
8 EL natives Olivenöl
300 ml Rotwein
180 ml roter Portwein
1 Lorbeerblatt
40 g Zucker
30 ml alter Aceto balsamico
6 festkochende Kartoffeln
40 g Butter
200 g Crème fraîche
½ Bund Schnittlauch
2 Spritzer Aceto balsamico bianco
250 ml Erdnussöl oder
    250 g Butterschmalz

Außerdem
schwarzer Pfeffer, geschrotet

❶ Die Forellen filetieren. Die Gräten mit einer Pinzette entfernen, anschließend die Filets aus der Haut lösen. Die Filets halbieren und je zwei Hälften übereinanderlegen.

❷ Nun die Filets mit Salz und Pfeffer würzen, mehlieren und durch die verquirlten Eier ziehen. Danach die Filets in dem Paniermehl wälzen, dabei das Paniermehl etwas andrücken.

❸ Die Höri Bülle schälen und fein hacken. 6 EL Olivenöl in einer Sauteuse erhitzen und die Zwiebeln glasig anschwitzen. Mit dem Rotwein und dem Portwein ablöschen. Das Lorbeerblatt und den Zucker dazugeben. Die Flüssigkeit komplett einkochen lassen, dabei darauf achten, dass die Zwiebeln nicht am Boden ansetzen oder karamellisieren. Den Aceto balsamico hinzufügen und mit Salz und Pfeffer würzen.

❹ Die Kartoffeln schälen und in einem Topf etwa 20 Minuten weich kochen. Danach mit dem restlichen Olivenöl und der Butter stampfen. Die Crème fraîche dazugeben und nochmals stampfen. Den Schnittlauch waschen, trocken schütteln, in feine Röllchen schneiden (einige Halme zum Garnieren beiseitelegen) und dazugeben. Mit Salz, Pfeffer und dem Aceto balsamico bianco würzen. Den Kartoffelstampf warm halten.

❺ Die Forelle in reichlich Erdnussöl frittieren oder wie Schnitzel in reichlich Butterschmalz goldgelb ausbacken.

❻ Den Kartoffelstampf auf den Teller geben. Die Forelle auf den Stampf legen. Mit Nocken des Zwiebelchutneys, zwei Schnittlauchhalmen sowie geschrotetem schwarzem Pfeffer garnieren.

Gebackene Forelle
mit Höri-Bülle-Chutney

Für 4 Portionen
Zubereitungszeit: 35 Minuten

4 große festkochende Kartoffeln
Salz
schwarzer Pfeffer aus der Mühle
6 EL Maiskeimöl
2 Schalotten
320 g Lachsfilet ohne Haut und Tran
3 EL natives Olivenöl
3 EL Zitronensaft

1 Bund Schnittlauch
6 EL Crème fraîche
1 Knoblauchzehe, geschält und fein gehackt
1 EL Sauerrahm
3 Spritzer Aceto balsamico bianco

Außerdem
einige Schnittlauchhalme zum Garnieren

Lachstatar mit Schalotten, Rösti und Schnittlauchcreme

❶ Die Kartoffeln schälen und grob in kaltes Wasser reiben. Anschließend in einem Leinensack gut auspressen. Mit Salz und Pfeffer würzen. Die Raspel zu kleinen Talern formen. Das Maiskeimöl in einer Pfanne erhitzen und die Kartoffeltaler bei mittlerer Hitze goldbraun braten.

❷ Die Schalotten schälen und fein hacken. Den Lachs in sehr kleine Würfel schneiden und mit dem Olivenöl, den Schalotten, Salz und Pfeffer würzen. Den Zitronensaft dazugeben.

❸ Den Schnittlauch waschen, trocken schütteln und in feine Röllchen schneiden. Die Hälfte zum Lachs geben.

❹ Die Crème fraîche mit Knoblauch, Sauerrahm und Aceto balsamico bianco vermengen. Mit Salz und Pfeffer würzen. Den restlichen Schnittlauch dazugeben. Das Tatar auf den heißen Rösti anrichten. Mit Nocken von der Crème fraîche und Schnittlauchhalmen garnieren.

Frischen Schnittlauch immer nur an bereits gegarte Speisen geben. Er verliert beim Erhitzen einen Großteil seines würzigen Aromas.

1 Zweig Thymian
1 Zweig Rosmarin
2 rote Zwiebeln
150 ml Rotwein
150 ml roter Portwein
1 TL Zucker
320 g Seeteufelfilet ohne Haut und Tran
1 EL Olivenöl
Salz
schwarzer Pfeffer aus der Mühle
1 Spritzer Aceto balsamico bianco
1 Avocado
½ Limette, Saft
200 ml Fischfond
100 ml Sahne
50 g Crème fraîche
10 g Speisestärke
½ Kopf feiner Friséesalat

❶ Die Blättchen von dem Thymian- und dem Rosmarinzweig abstreifen. Die Zwiebeln schälen und in Würfel schneiden. Rotwein, Portwein, Zucker, Rosmarin und Thymian mit den Zwiebeln aufkochen lassen. So lange köcheln lassen, bis kaum noch Flüssigkeit vorhanden ist.

❷ Den Backofen auf 50/60 °C erwärmen. Den Seeteufel in vier gleich große Stücke schneiden. Je ein Stück in einen großen hitzestabilen Gefrierbeutel legen und anschließend mit einem Plattiereisen oder einem glatten Steakklopfer flach klopfen. Das Olivenöl dazugeben. Im warmen Ofen etwa zehn Minuten garen. Herausnehmen und mit Salz, Pfeffer und Aceto balsamico bianco würzen.

❸ Die Seeteufelstücke auf einen vorgewärmten Teller legen. Die Zwiebeln daraufgeben. Warm halten.

❹ Die Avocado halbieren und entkernen. Das Fruchtfleisch in Würfel schneiden. Mit dem Limettensaft und Salz würzen. Ebenfalls auf den Seeteufel geben.

❺ Den Fischfond mit Sahne und Crème fraîche aufkochen lassen. Die Speisestärke mit etwas Wasser glatt rühren und in die Sauce rühren. Das Ganze nochmals kurz aufkochen lassen und anschließend mixen. Die Seeteufelstücke mit der Sauce überziehen.

❻ Den Friséesalat waschen und trocken schleudern. Das Gericht mit dem Salat gernieren.

Lauwarmes
Seeteufelcarpaccio
mit roter Zwiebelmarinade
und Avocado

Für 4 Portionen
Zubereitungszeit: 30 Minuten

2 Braunschweiger Rote (alternativ
  eine andere rote Zwiebelsorte)
4 Tomaten
100 ml natives Olivenöl
2 Knoblauchzehen
1 l Geflügelbrühe (Rezept Seite 156)
2 Zweige Rosmarin
½ Zucchini
1 Fenchel
1 rote Gemüsepaprika
Salz
schwarzer Pfeffer aus der Mühle
1 g Safran
½ Stange Baguette

Provenzalische Gemüsesuppe mit Braunschweiger Roten

❶ Die Zwiebeln schälen. Die Tomaten waschen und den Stielansatz
entfernen. Eine Zwiebel in Segmente schneiden und beiseitestellen. Die
andere mit den Tomaten in grobe Würfel schneiden.

❷ 4 EL Olivenöl in einem großen Topf erhitzen und die Zwiebel-
und Tomatenwürfel anschwitzen, bis die Zwiebeln glasig sind. Die Knoblauchzehen schälen und dazugeben. Die Brühe angießen und aufkochen
lassen. Die Rosmarinzweige waschen. Die Blättchen abstreifen und
dazugeben. Zehn Minuten köcheln lassen. Die Suppe mit dem Pürierstab mixen und anschließend durch ein Sieb passieren.

❸ In der Zwischenzeit das restliche Gemüse waschen, putzen
und in Würfel schneiden. Das restliche Olivenöl in einem hohen Topf
erhitzen und die Gemüsewürfel mit der beiseitegestellten Zwiebel
anbraten. Mit Salz und Pfeffer würzen. Den Tomatenfond angießen
und den Safran dazugeben. Fünf Minuten köcheln lassen. Mit ofen-
warmem Baguette servieren.

Für 4 Portionen
Zubereitungszeit: 40 Minuten plus
2 Stunden Ruhezeit für den Teig

4 Eier
4 Eigelbe
Salz
1 TL natives Olivenöl
30 g Rote-Bete-Granulat (Reformhaus)
320 g Mehl (Type 405)
150 g Hartweizengrieß, doppelt
    gemahlen (Nudelgrieß)
100 g Butter
200 g frische Silberzwiebeln, geschält
1 Prise Salz
4 Stücke Hähnchenbrust mit Haut
schwarzer Pfeffer aus der Mühle
3 EL Maiskeimöl
500 g Brokkoli
3 Stängel Salbei

❶   Eier, Eigelbe, Salz, Olivenöl und Rote-Bete-Granulat verrühren und zum Mehl geben. Das Ganze mit dem Hartweizengrieß zu einem glatten, festen Teig verarbeiten. Den Teig zu einer Kugel formen und in Klarsichtfolie wickeln. Etwa zwei Stunden kalt stellen. Dann mit einem Rollholz oder mithilfe einer Nudelmaschine dünn ausrollen und 3–4 mm breite Nudeln schneiden.

❷   20 g Butter und die Silberzwiebeln in einen kleinen Topf geben und leicht salzen. Zehn Minuten stehen lassen und anschließend zugedeckt bei niedriger Hitze zehn Minuten simmern lassen. Die Zwiebeln dürfen keine Farbe annehmen.

❸   In der Zwischenzeit die Hähnchenbrust mit Salz und Pfeffer würzen. Das Maiskeimöl in einer Pfanne erhitzen und das Fleisch auf der Hautseite bei mittlerer Hitze sechs bis sieben Minuten braten, bis die Haut gut gebräunt ist. Wenden und weitere zwei bis drei Minuten braten. Nun die Pfanne vom Herd ziehen und warm halten.

❹   Den Brokkoli waschen und in kleine Röschen schneiden. Wasser in einem Topf zum Kochen bringen, leicht salzen und die Brokkoli-röschen zwei bis drei Minuten köcheln lassen. Anschließend zu den Zwiebeln geben.

❺   Die Rote-Bete-Nudeln in leicht gesalzenem Wasser zwei bis drei Minuten bissfest kochen und durch ein Sieb abgießen.

❻   Die Blätter von den Salbeistängeln zupfen und in Streifen schnei-den. Die restliche Butter zusammen mit den Salbeistreifen in einer Pfanne aufschäumen lassen.

❼   Die Hähnchenbrust aus der Pfanne nehmen und mit den Nudeln auf dem Teller anrichten. Mit der Salbeibutter überziehen. Die Brokkoli-röschen anlegen.

Hähnchenbrust
mit Silberzwiebeln
und Rote-Bete-Nudeln

Für 4 Portionen
Zubereitungszeit: 25 Minuten

480 g Hühnerbrust ohne Haut
1 grüne Gemüsepaprika
150 g Champignons
2 Schalotten
3 EL Sonnenblumenöl
Salz
schwarzer Pfeffer aus der Mühle
½ TL edelsüßes Paprikapulver
4 cl Weißwein
6 cl Cream Sherry
400 ml Sahne
10 g Speisestärke

Chicken à la King
mit Paprika, Schalotten und Sherrycreme

❶ Die Hühnerbrust halbieren und in mundgerechte Stücke schneiden. Die Paprika waschen, halbieren, entkernen und die weißen Trennwände entfernen. Die Paprikahälften in Streifen schneiden. Die Champignons putzen und in Scheiben schneiden. Die Schalotten schälen, halbieren und klein schneiden.

❷ Eine große Pfanne auf höchster Stufe erhitzen. Das Fleisch mit Salz, Pfeffer und Paprikapulver würzen. Das Öl in die Pfanne geben und das Fleisch kurz anbraten. Anschließend herausnehmen und in einen tiefen Teller geben. Die Hitze reduzieren.

❸ Jetzt in derselben Pfanne Schalotten, Paprika und Champignons ein bis zwei Minuten anschwitzen. Mit Weißwein und Sherry ablöschen, einkochen lassen und die Sahne dazugeben. Die Speisestärke mit etwas Wasser glatt rühren, zur Sauce geben und aufkochen lassen. Den Fleischsaft dazugeben, mit den Gewürzen abschmecken und das Fleisch hinzufügen. Nochmals aufkochen lassen, bis die Geflügelstücke gar sind.

Ein Blitzgericht, zu dem man
Nudeln oder Reis servieren kann.

Für 4 Portionen
Zubereitungszeit: 35 Minuten

2 Zweige Thymian
1 Zweig Rosmarin
2 Knoblauchzehen
1 kg Tomaten
2 EL natives Olivenöl
1 TL Fenchelsamen
Salz
Zucker
3 EL Tomatenmark
1 Stuttgarter Riesen
   (alternativ Gemüsezwiebel)
2 EL Mehl
250 ml Sonnenblumenöl zum Frittieren
15 Basilikumblätter
schwarzer Pfeffer aus der Mühle
2 Doraden à 600 g

❶   Die Thymian- und Rosmarinzweige waschen, trocken schütteln und die Blättchen abstreifen. Die Knoblauchzehen schälen und fein hacken. Von den Tomaten den Stielansatz herausschneiden und die Früchte waschen. Die Hälfte der Tomaten in grobe Würfel schneiden. Das Olivenöl erhitzen und die Tomaten mit Thymian, Rosmarin, Fenchelsamen und Knoblauch anschwitzen. Mit Salz und Zucker würzen und zehn Minuten köcheln lassen. Das Tomatenmark dazugeben und das Ganze fein mixen. Durch ein Sieb passieren.

❷   Die Zwiebel schälen, halbieren und in feine Streifen schneiden. Die Zwiebeln mehlieren und in 150 ml Sonnenblumenöl frittieren. Herausnehmen und auf Küchenpapier abtropfen lassen.

❸   Die restlichen Tomaten zehn bis zwölf Sekunden in kochendes Wasser geben. Dann mit kaltem Wasser abschrecken und die Haut abziehen. Die Tomaten entkernen und die Filets in Würfel schneiden. Anschließend zu dem Tomatenpüree geben und aufkochen lassen. Die Basilikumblätter waschen, trocken tupfen und in feine Streifen schneiden. Einen Teil für die Garnitur beiseitestellen, den Rest zu den Tomaten geben. Mit Salz und Pfeffer würzen.

❸   Die Doraden schuppen und filieren. Die Gräten mit einer Pinzette entfernen. Das restliche Sonnenblumenöl erhitzen und die Doradenfilets auf der Hautseite bei nicht zu starker Hitze etwa fünf Minuten braten. Die Filets wenden und auf den Tomaten anrichten. Mit den frittierten Zwiebeln und dem restlichen Basilikum garnieren.

Dorade mit gerösteten Stuttgarter Riesen auf Tomatenpüree

Familien-
küche

Für 4 Portionen
Zubereitungszeit: 1 Stunde

350 g mehligkochende Kartoffeln
1 Ei
1 Eigelb
80 g Hartweizengrieß, doppelt
   gemahlen (Nudelgrieß)
Salz
schwarzer Pfeffer aus der Mühle
3 EL Mehl
3 EL Maiskeimöl
16 Perlzwiebeln
30 g Butter
1 Romanesco
600 g schierer Kalbsrücken
4 EL Geflügeljus (Rezept Seite 160)
200 ml Sahne

❶   Die Kartoffeln am besten am Vortag schälen, weich kochen und auskühlen lassen. Die Kartoffeln durch die Kartoffelpresse drücken und mit dem Ei, dem Eigelb und dem Grieß zu einem festen Teig verarbeiten. Mit Salz und Pfeffer würzen und mit einem Spritzbeutel lange Streifen auf einen zuvor mehlierten Tisch spritzen. Mit einer Teigkarte jeweils kleine Stücke abtrennen und zu Kugeln formen. Nun die Kugeln mit einer Gabel leicht eindrücken.

❷   Reichlich Salzwasser zum Kochen bringen und die Gnocchi einlegen. Sobald sie an die Oberfläche steigen, mit einem Schaumlöffel herausnehmen und trocken tupfen. Das Maiskeimöl in einer Pfanne erhitzen und die Gnocchi rundum anbraten. Zum Warmhalten in den 100 °C heißen Backofen stellen.

❸   Die Perlzwiebeln schälen und etwas salzen. 20 g Butter in einer Pfanne zerlassen und die Zwiebeln zugedeckt bei niedriger Hitze zehn bis zwölf Minuten anschwitzen. Dabei ab und zu durchrühren. Die Zwiebeln dürfen dabei leicht braun werden.

❹   Den Romanesco waschen und in kleine Röschen teilen. Die Röschen vier bis fünf Minuten in kochendem Salzwasser bissfest garen. Die restliche Butter in einer Pfanne zerlassen und die Röschen darin schwenken.

❺   Den Kalbsrücken in vier Steaks schneiden. Anschließend die Fleischscheiben in einer Grillpfanne zwei bis drei Minuten braten. Die Pfanne beiseitestellen, mit Alufolie abdecken und die Steaks weitere zwei bis drei Minuten ruhen lassen.

❻   Den Geflügeljus mit der Sahne aufkochen lassen.

❼   Zum Anrichten das Kalbssteak auf den Teller geben und mit dem Gemüse und den Gnocchi umlegen. Mit der Sauce überziehen.

Kalbssteak
mit Perlzwiebeln, Romaneso und Gnocchi

Für 4 Portionen
Zubereitungszeit: 20 Minuten

2 Winterheckzwiebeln
1 Knoblauchzehe
250 g Kirschtomaten
1 Salatgurke
½ Bund Schnittlauch
½ Bund Basilikum
16 grüne Oliven (ohne Stein)
2 EL Rotweinessig
3 EL Aceto balsamico bianco
½ TL mittelscharfer Senf
5 EL natives Olivenöl
Salz
Zucker
schwarzer Pfeffer aus der Mühle
300 g Feta-Schafskäse

Schnittlauch gehört zur Familie der Lauch- und Zwiebelgewächse. Mit seinem milden, frischen Lauchgeschmack zählt er zu den beliebtesten Küchenkräutern.

Bauernsalat mit
Winterheckzwiebeln

❶ Die Zwiebeln und die Knoblauchzehe schälen. Die Zwiebeln halbieren und anschließend in Streifen schneiden, die Knoblauchzehe fein hacken. Die Tomaten waschen, halbieren und den Stielansatz jeweils entfernen. Die Gurke waschen und in mundgerechte Stücke schneiden.

❷ Den Schnittlauch und das Basilikum waschen und trocken schütteln. Den Schnittlauch in feine Röllchen schneiden. Von dem Basilikum die Blätter abzupfen und in feine Streifen schneiden. Mit den Oliven zu dem Gemüse geben.

❸ Die beiden Essigsorten mit dem Senf verquirlen. Anschließend das Olivenöl langsam einrühren. Mit Salz, Zucker und Pfeffer würzen. Dann den Salat damit marinieren. Zum Schluss den Feta in Würfel schneiden und unterheben.

Für 4 Portionen
Zubereitungszeit: 25 Minuten

4 Eier
12 Zuckerschoten
½ Salatgurke
8 Blätter Mini-Romanasalat
6 Scheiben Chorizo

Für das Dressing
2 EL Champagneressig
1 TL Dijonsenf
2 EL Geflügelbrühe (Rezept Seite 156)
1 EL Olivenöl
1 EL Maiskeimöl
Zucker
Salz
schwarzer Pfeffer aus der Mühle

Für die Röstzwiebelcreme
1 Ei
1 Eigelb
1 TL Champagneressig
1 TL mittelscharfer Senf
1 EL Milch
Salz
150 ml Maiskeimöl
1 EL Crème fraîche
4 EL Röstzwiebeln, klein gebröselt
Salz
schwarzer Pfeffer aus der Mühle

Außerdem
Röstzwiebeln, klein gebröselt,
  zum Garnieren

Eiersalat mit
Röstzwiebelcreme
und Chorizo

❶ Die Eier zehn Minuten kochen und auskühlen lassen. Anschließend schälen und in Viertel schneiden. Die Zuckerschoten zwei Minuten in leicht gesalzenem Wasser kochen und anschließend in kaltem Wasser abschrecken. Die Salatgurke schälen und in Würfel schneiden.

❷ Aus Essig, Senf, Brühe, Öl, Zucker, Salz und Pfeffer eine Vinaigrette rühren. Die Gurke, den Salat und die Zuckerschoten damit marinieren.

❸ Für die Zwiebelcreme Ei, Eigelb, Essig, Senf, Milch mit etwas Salz verrühren. Nun mit dem Pürierstab mixen und das Öl langsam dazugeben, bis die Creme dick wird. Die Crème fraîche und die Röstzwiebeln hinzufügen. Mit Salz und Pfeffer abschmecken und die Creme in einen Spritzbeutel geben.

❹ Einige Tupfer von der Creme auf einen Teller geben. Den Salat in einer Schüssel anrichten. Mit den Eiern und der Chorizo garnieren. Zum Schluss noch etwas Creme auf die Eier geben und das Ganze mit Röstzwiebeln bestreuen.

Für 4 Portionen
Zubereitungszeit: 1 Stunde

1 kg weiße Zwiebeln
3 Zweige Thymian
1 Zweig Rosmarin
3 Knoblauchzehen
80 g alter Comté
3 EL Olivenöl
10 g Butter
1 Lorbeerblatt
1,2 l Geflügel- oder Rinderbrühe
   (Rezepte Seite 156 und 163)
Salz
schwarzer Pfeffer aus der Mühle
8 Scheiben Baguette

Gratinierte
Zwiebelsuppe

❶ Die Zwiebeln schälen und fein hobeln. Die Thymian- und Rosmarinzweige waschen und trocken schütteln. Die Blättchen von den Zweigen
streifen. Die Knoblauchzehen schälen und in feine Scheiben schneiden.
Den Käse reiben.

❷ Einen großen Topf auf den Herd stellen und erhitzen (etwas
weniger als mittlere Hitze). Ist der Topf heiß, 2 EL Olivenöl zusammen
mit Butter, Zwiebeln, Thymian, Rosmarin, Knoblauch und Lorbeerblatt
in den Topf geben. Zugedeckt etwa 15 Minuten garen, ohne dass die
Zwiebeln Farbe annehmen. Zwischendurch umrühren, damit die Zwiebeln nicht am Boden ansetzen. Anschließend den Deckel abnehmen,
die Hitze höher schalten und die Zwiebeln nun unter Rühren goldgelb
schmoren. Sobald die Zwiebeln goldgelb sind, die Hitze wieder reduzieren und die Brühe angießen. 20 Minuten köcheln lassen und mit Salz
und Pfeffer würzen.

❸ In der Zwischenzeit den Backofen auf 200 °C vorheizen.

❹ Die Suppe in vier ofenfeste tiefe Teller füllen, das Baguette
(in Scheiben oder zerzupften Stücken, jeder, wie er mag, in die Suppe
geben) und mit ein paar Spritzern Olivenöl beträufeln. Zum Schluss
mit dem Käse bestreuen und im heißen Ofen goldgelb gratinieren.

113

113

½ Gemüsezwiebel
500 g Hohe Rippe
1 EL schwarze Pfefferkörner
1 Gewürznelke
4 Pimentkörner
1 Lorbeerblatt
½ Sellerieknolle
2 Karotten
4 festkochende Kartoffeln
1 Bund Frühlingszwiebeln
Salz
schwarzer Pfeffer aus der Mühle

❶   Die halbe Zwiebel mit Schale in eine Pfanne legen und auf der Schnittseite braten, bis sie schwarz ist.

❷   Das Rindfleisch mit kaltem Wasser bedecken und aufkochen lassen. Das Wasser abschäumen und die Gewürze sowie die geschwärzte Zwiebel dazugeben. Nun eineinhalb Stunden köcheln lassen.

❸   Sellerie, Karotten und Kartoffeln schälen und in Würfel schneiden. Das Fleisch aus der Brühe nehmen und die Brühe durch ein Sieb passieren. Die Gemüsewürfel in die Brühe geben.

❹   Die Frühlingszwiebeln putzen und waschen. Das Grün in feine Ringe schneiden und das Weiße längs halbieren. Ebenfalls in die Brühe geben und zehn Minuten köcheln lassen.

❺   Das Fleisch vom Fett befreien, in Würfel schneiden und zurück in die Brühe geben. Mit Salz und Pfeffer würzen. In tiefen Tellern servieren.

Kartoffel-eintopf mit Rind und Frühlingszwiebeln

Winterlauch hat kräftigere, dickere Stangen
und dunkelgrünes Laub, das würzig schmeckt.
Es ist ideal als Gemüsebeilage oder zum
Würzen von Suppen und Saucen.

Für 4 Portionen
Zubereitungszeit: 40 Minuten

Für die Klößchen

40 g Toastbrot
50 ml Sahne
1 Schalotte
2 EL Maiskeimöl
2 Zweige Thymian
150 g Kalbshackfleisch
150 g Schweinehackfleisch
1 Ei
Salz
schwarzer Pfeffer aus der Mühle
Dijonsenf

Für die Suppe

1 Bund Petersilie
1 Stange Lauch
250 g festkochende Kartoffeln
100 g Sellerie
100 g Karotten
800 ml Rinderbrühe (Rezept Seite 163)
150 g Frischkäse
150 g Crème fraîche
Dijonsenf
Salz
schwarzer Pfeffer aus der Mühle

Außerdem

8 EL Röstzwiebeln

❶　Für die Klößchen das Toastbrot in Würfel schneiden und in der Sahne einweichen.

❷　Die Schalotte schälen und fein hacken. Das Öl in einer Pfanne erhitzen und die Schalotten glasig anschwitzen. Die Thymianzweige waschen und trocken schütteln. Die Blättchen abstreifen, zu den Schalotten geben und abkühlen lassen.

❸　Nun das Fleisch mit Toastbrot, Ei und Schalotten vermengen und mit Salz, Pfeffer und etwas Senf würzen, kurz ruhen lassen. Aus der Masse mit zwei feuchten Teelöffeln Nocken formen und in leicht gesalzenem Wasser fünf Minuten köcheln lassen.

❹　Für die Suppe die Petersilie waschen und trocken schütteln. Die Blätter von den Stängeln zupfen und fein hacken.

❺　Den Lauch putzen und sorgfältig waschen, in feine Ringe schneiden. Die Kartoffeln schälen und in Würfel schneiden. Sellerie und Karotten schälen und in sehr kleine Würfel schneiden.

❻　Die Kartoffeln in die Brühe geben und etwa 20 Minuten köcheln lassen. Die Suppe mit dem Kartoffelstampfer glatt stampfen. Den Frischkäse und die Crème fraîche dazugeben und ganz kurz mit dem Pürierstab mixen. Anschließend das Gemüse darin vier bis fünf Minuten garen. Mit Senf, Salz und Pfeffer würzen.

❼　Die Suppe in tiefe Teller füllen, die Klößchen einlegen und mit der Petersilie und den Röstzwiebeln bestreuen.

Kartoffel-
Röstzwiebel-Suppe
mit Kalbfleischklößchen

Für 4 Portionen
Zubereitungszeit: 25 Minuten

200 g Frühlingszwiebeln
½ Bund Schnittlauch
2 EL natives Olivenöl
100 g mehligkochende Kartoffeln
800 ml Rinderbrühe (Rezept Seite 163)
100 g Crème fraîche
Salz
schwarzer Pfeffer aus der Mühle
120 g Lachsfilet

Frühlingszwiebel-cremesuppe mit Lachs

❶ Die Frühlingszwiebeln vom Grün befreien, waschen und putzen, anschließend in Stücke schneiden. Das Grün ebenfalls waschen und beiseitelegen. Den Schnittlauch waschen und trocken schütteln, in feine Röllchen schneiden.

❷ 1 EL Olivenöl in einem Topf erhitzen und die Frühlingszwiebeln (das Weiße) darin anschwitzen. Die Kartoffeln schälen und in Würfel schneiden. Zu den Zwiebeln geben und mit der Brühe auffüllen. Zehn Minuten köcheln lassen.

❸ Das Grün der Frühlingszwiebeln dazugeben und weitere acht Minuten köcheln lassen. Nun mit dem Pürierstab fein mixen, durch ein Sieb passieren und die Crème fraîche hinzufügen. Aufkochen lassen und mit Salz und Pfeffer würzen.

❹ Den Backofen auf 50 °C vorheizen. Den Lachs in vier gleich große Stücke aufteilen und mit Salz und Pfeffer würzen. Auf einen Teller legen, mit dem restlichen Olivenöl beträufeln und mit Klarsichtfolie abdecken. Den Teller für zwölf Minuten in den warmen Ofen geben.

❺ Zum Anrichten den Lachs in mundgerechte Stücke schneiden und in die Mitte eines tiefen Tellers geben. Die Suppe außen herum angießen und mit dem Schnittlauch garnieren.

Für 4 Portionen
Zubereitungszeit: 45 Minuten

4 Schalotten
100 ml Rotwein
50 ml roter Portwein
100 g weiche Butter
1 Eigelb
100 g Pankomehl (alternativ Paniermehl)
1 Scholle (etwa 1½ kg)
Salz
schwarzer Pfeffer aus der Mühle
2 mittelgroße festkochende Kartoffeln
200 ml Maiskeimöl
600 g Blattspinat
20 g Butter
½ Knoblauchzehe, geschält und
    fein gehackt
200 ml Fischfond (Rezept Seite 161)
100 ml Sahne
50 g Crème fraîche
10 g Speisestärke

❶   Die Schalotten schälen und fein hacken. Drei Viertel der Schalotten mit dem Rotwein und dem Portwein aufkochen lassen. Den Wein reduzieren, bis kaum noch Flüssigkeit vorhanden ist. Butter, Eigelb und Pankomehl dazugeben.

❷   Aus der Scholle (die Haut entfernen!) vier große Filets auslösen. Mit Salz und Pfeffer würzen und die Schalottenmasse darauf verteilen.

❸   Die Kartoffeln schälen und in zentimetergroße Würfel schneiden. Das Maiskeimöl in einer Pfanne erhitzen und die Kartoffelwürfel knusprig goldgelb braten. Dann die Kartoffelwürfel zum Abtropfen auf ein Sieb geben.

❹   Den Spinat putzen und waschen. Die Butter in einer Pfanne zerlassen und die restlichen Schalotten sowie den Knoblauch glasig anschwitzen. Den Spinat zugeben und zusammenfallen lassen. Mit Salz und Pfeffer würzen.

❺   Den Backofen auf 240 °C vorheizen. Ein Backblech mit Backpapier auslegen. Die Schollenfilets darauflegen und im heißen Ofen auf der zweiten Schiene von oben fünf Minuten gratinieren.

❻   Den Fischfond mit der Sahne und Crème fraîche aufkochen lassen. Mit Salz und Pfeffer würzen. Die Speisestärke mit etwas Wasser glatt rühren. Dazugeben und nochmals aufkochen lassen.

❼   Zum Anrichten den Spinat möglichst trocken auf den Teller geben. Darauf das Schollenfilet legen. mit den Kartoffelwürfeln umlegen. Die Sauce angießen.

Scholle unter roter Schalottenkruste mit Blattspinat

Für 4 Portionen
Zubereitungszeit: 40 Minuten

2 rote Zwiebeln
200 ml roter Portwein
30 ml Rotwein
250 ml Sahne
250 ml Hühnerbrühe
Salz
100 g Polenta (Maisgrieß)
schwarzer Pfeffer aus der Mühle
8 Salbeiblätter
etwa 500 g Heilbuttfilet
3 EL natives Olivenöl
80 g Butter

Heilbutt mit
Rotweinzwiebeln,
Salbei und Polenta

❶ Die Zwiebeln schälen und in Spalten schneiden. Die Zwiebel-spalten mit dem Portwein und dem Rotwein so lange auf kleiner bis mittlerer Hitze köcheln lassen, bis fast keine Flüssigkeit mehr vor-handen ist. Leicht salzen.

❷ Die Sahne mit der Brühe aufkochen lassen und salzen. Die Polenta einrieseln lassen. Bei niedriger Hitze unter ständigem Rühren zehn bis fünfzehn Minuten garen. Mit Pfeffer abschmecken.

❸ Die Salbeiblätter waschen, trocken tupfen und in Streifen schnei-den. Den Heilbutt in vier Stücke schneiden, mit Salz und Pfeffer würzen.

❹ Das Olivenöl in einer Pfanne erhitzen und die Heilbuttfilets von jeder Seite zwei Minuten braten. Zuletzt die Butter sowie die Salbei-streifen (einige zum Garnieren beiseitelegen) in die Pfanne geben und die Heilbuttfilets damit überziehen.

❺ Die Polenta auf den Teller geben und das Heilbuttfilet darauf platzieren. Mit den Zwiebelspalten umlegen und mit Salbeistrei-fen bestreuen.

12 Perlzwiebeln
100 ml natives Olivenöl
4 Tomaten
2 Knoblauchzehen
1 l Geflügelbrühe (Rezept Seite 156)
½ Zucchini
½ Aubergine
1 rote Gemüsepaprika
2 Zweige Rosmarin

Salz
schwarzer Pfeffer aus der Mühle
1 g Safran
4 Seezungenfilets
100 ml Fischfond (Rezept Seite 161)
50 ml Sahne
50 g Crème fraîche
4 Basilikumblätter

Seezunge im französischen Gemüsetopf mit Perlzwiebeln

❶ Die Perlzwiebeln schälen. 2 EL Olivenöl in einer Pfanne erhitzen und die Perlzwiebeln anschwitzen. Leicht salzen und zugedeckt acht bis zehn Minuten bei niedriger Hitze anschwitzen.

❷ Die Tomaten waschen und den Stielansatz herausschneiden. Das Fruchtfleisch in grobe Würfel schneiden. 4 EL Olivenöl in einem Topf erhitzen und die Tomaten anschwitzen. Die Geflügelbrühe hinzufügen und aufkochen lassen. Zehn Minuten köcheln lassen. Anschließend mit dem Pürierstab mixen und durch ein Sieb passieren.

❸ Die Zucchini und die Aubergine putzen, waschen und in Würfel schneiden. Die Paprika waschen, halbieren, entkernen und die weißen Trennwände entfernen. Die Paprikahälften in Würfel schneiden. 2 EL Olivenöl in einem Topf erhitzen und das Gemüse anbraten. Die Rosmarinzweige dazugeben und mit Salz und Pfeffer würzen. Den Tomatenfond angießen und den Safran hinzufügen. Fünf Minuten köcheln lassen. Nun die Rosmarinzweige wieder entfernen.

❹ Die Seezungenfilets halbieren und mit Salz und Pfeffer würzen. Das restliche Olivenöl in einer Pfanne erhitzen und die Seezungenfilets von beiden Seiten scharf anbraten. Auf das Gemüseragout geben.

❺ Den Fischfond mit Sahne und Crème fraîche aufkochen lassen und mit dem Pürierstab aufmixen. Zusammen mit dem Basilikum über die Seezungenfilets geben und servieren.

Für 4 Portionen
Zubereitungszeit: 40 Minuten

600 g Roastbeef
6 festkochende Kartoffeln
400 g breite Bohnen
2 Schalotten
4 Perlzwiebeln
3 Zweige Rosmarin
120 g Butter
100 g Pankomehl (alternativ Paniermehl)
1 Eigelb
2 EL körniger Senf (Moutarde de Meaux)
Salz
schwarzer Pfeffer aus der Mühle
8 EL Maiskeimöl

❶ Das Roastbeef in vier Tranchen schneiden. Die Kartoffeln schälen und in Würfel schneiden. Die Bohnen putzen, waschen und quer in Stücke schneiden. Die Schalotten und die Perlzwiebeln schälen. Die Rosmarinzweige waschen und trocken schütteln. Die Blättchen abstreifen und fein hacken.

❷ Die Schalotten fein hacken. Die Perlzwiebeln in Viertel schneiden.

❸ Ein wenig von der Butter in einer Pfanne zerlassen und die Schalotten darin zwei bis drei Minuten anschwitzen. Etwa 80 g Butter dazugeben, anschließend Pankomehl, Eigelb und Senf. Mit Salz und Pfeffer würzen.

❹ Nun die Rumpsteaks mit Salz und Pfeffer würzen. 2 EL Maiskeimöl in einer Pfanne erhitzen und die Steaks kurz und scharf anbraten. Die Schalotten-Senf-Masse darauf verteilen und die Pfanne beiseitestellen.

❺ Den Backofen auf 240 °C vorheizen.

❻ Die Bohnen in gut gesalzenem Wasser acht Minuten kochen. Anschließend abgießen.

❼ Das restliche Maiskeimöl in einer Pfanne erhitzen und die Kartoffeln rundum braten. Kurz bevor sie weich sind, die Perlzwiebeln und den Rosmarin dazugeben. Kurz weiterbraten, bis die Perlzwiebeln weich sind.

❽ Die Rumpsteaks auf ein Backblech setzen und drei bis vier Minuten im Ofen auf der zweitletzten Schiene von unten gratinieren. Die restliche Butter in einem Topf zerlassen und die Bohnen darin wenden.

❾ Die Rosmarinkartoffeln und Bohnen auf dem Teller anrichten und das Rumpsteak darauf platzieren.

Rumpsteak unter Schalotten-Senf-Kruste mit Rosmarinkartoffeln

Für 4 Portionen
Zubereitungszeit: 30 Minuten

250 ml Rinderbrühe (Rezept Seite 163)
1 TL Ras el-Hanout
1 EL natives Olivenöl
1 Lorbeerblatt
40 g Cranberrys, getrocknet
200 g Couscous (Instant)
50 g Rauchmandeln, gehackt
1 grüne Gemüsepaprika

2 braune Haushaltszwiebeln
2 EL Maiskeimöl
Cumin (Kreuzkümmel)
Salz
400 g Rinderfilet
schwarzer Pfeffer aus der Mühle
50 ml Teriyakisauce

Gebratene Zwiebeln mit Filetstreifen und orientalischen Gewürzen

❶ Die Brühe mit Ras el-Hanout, Olivenöl, Lorbeerblatt und den Cranberrys aufkochen lassen und über den Couscous geben. Zugedeckt an einem warmen Ort fünf Minuten quellen lassen. Danach die Rauchmandeln dazugeben, das Lorbeerblatt entfernen, den Couscous mit einer Gabel auflockern und warm halten.

❷ Die Paprika halbieren, entkernen, waschen und die weißen Trennwände entfernen. Die Paprikahälften in mundgerechte Stücke schneiden.

❸ Die Zwiebeln schälen und in Spalten schneiden. 1 EL Maiskeimöl in einer großen Pfanne erhitzen und die Paprika sowie die Zwiebelspalten scharf anbraten. Mit einer Prise Cumin und etwas Salz würzen.

❹ Das Rinderfilet in Streifen schneiden und mit Salz und Pfeffer würzen. Das restliche Maiskeimöl in einer Pfanne erhitzen und die Rinderfiletstreifen scharf anbraten. Das Gemüse dazugeben und mit Teriyakisauce ablöschen.

❺ In einem Teller oder einer Schale einige Filetstreifen über den Couscous geben und anrichten.

Für 4 Portionen
Zubereitungszeit: 20 Minuten
+ über Nacht ziehen lassen

8 Matjesfilets
2 rote Zwiebeln
1 Apfel (Gravensteiner)
1 Gewürzgurke
200 ml Sahne
200 g Schmand
½ Bund Dill
Salz
schwarzer Pfeffer aus der Mühle

❶ Sollten die Matjesfilets sehr salzig sein, zuerst kurz unter fließendem kaltem Wasser abspülen. Auf Küchenpapier abtropfen lassen und in Stücke schneiden.

❷ Die Zwiebeln schälen und in Ringe schneiden. Den Apfel schälen und das Kerngehäuse entfernen. Die Gewürzgurke und den Apfel in kleine Würfel schneiden.

❸ Die Sahne und den Schmand mit ein wenig Gewürzgurkenfond verrühren. Mit den vorbereiteten Zutaten vermengen und mit Pfeffer würzen. Einige Stunden oder über Nacht im Kühlschrank ziehen lassen.

❹ Vor dem Servieren den Dill waschen und trocken schütteln. Die Spitzen fein schneiden und über die Matjes streuen.

Matjesfilets nach Hausfrauenart mit Schmand und roten Zwiebeln

Dazu passen Pellkartoffeln
oder grüne Bohnen.

Low-
Budget

Für 4 Portionen
Zubereitungszeit: 30 Minuten

125 g Mehl
250 ml Milch
3 Eier, getrennt
Salz
2 mittelgroße gelbe Speisezwiebeln
4 EL natives Olivenöl
1 Glas halbgetrocknete Tomaten
　(Abtropfgewicht 180 g)
40 g flüssige Butter
100 g Crème fraîche (alternativ Sauerrahm)
1 EL Honig
1 EL Tapenade
1 EL Meerrettich
schwarzer Pfeffer aus der Mühle
16 Rucolablätter

Zwiebelpfann-kuchen mit getrockneten Tomaten und Rucola

❶　Zuerst das Mehl mit der Hälfte der Milch verrühren. Drei Eigelbe dazugeben, anschließend die restliche Milch. Das Eiweiß anschlagen und einen ½ TL Salz dazugeben. Nun zu festem Schnee weiterschlagen und diesen unter den Teig heben.

❷　Die Zwiebeln schälen und in grobe Stücke schneiden. 1 EL Olivenöl und 10 g Butter in einer großen, tiefen Pfanne erhitzen und ein Viertel der Zwiebeln rundum anbraten. Ein Viertel des Teigs darübergeben und ein Viertel der Tomaten auf dem Teig verteilen. In der Pfanne goldgelb braten. Anschließend wenden und von der zweiten Seite braten. Die restlichen drei Pfannkuchen genauso backen.

❸　Die Crème fraîche mit Honig, Tapenade und Meerrettich verrühren. Mit Salz und Pfeffer würzen. Nun die Rucolablätter auf den Pfannkuchen verteilen und anrichten. Mit der Olivencreme servieren.

50 g Salami
50 g Frühstücksspeck
1 festkochende Kartoffel, gekocht
  und gepellt
2 EL Maiskeimöl
1 weiße Zwiebel
3 Champignons
3 Eier
einige Schnittlauchhalme, in Röllchen
  geschnitten
4 Romanescoröschen
Salz
1 Gewürzgurke nach Belieben

❶   Die Salami und den Speck in Würfel schneiden. Die Kartoffel in Scheiben schneiden.

❷   Den Speck in einer Pfanne auslassen, 1 EL Öl hinzufügen und die Kartoffelscheiben zusammen mit dem Speck knusprig braten.

❸   Die Zwiebel schälen und fein hacken. Die Champignons putzen und in Viertel schneiden. Kurz bevor die Kartoffelscheiben fertig gebraten sind, Salami, Champignons und Zwiebeln dazugeben und mitrösten.

❹   Die Eier in einer Schüssel locker verschlagen und über die Kartoffeln geben. Mit einer Fleischgabel unter ständigem Rütteln der Pfanne kurz verrühren, dann stocken lassen und mit einer Palette die Eimasse an einer Seite anheben. Die Pfanne etwas kippen und das Omelett zur Mitte hin zusammenrollen. Den Schnittlauch dazugeben und das Omelett auf einen Teller stürzen.

❺   In der Zwischenzeit die Romanescoröschen sieben bis acht Minuten in leicht gesalzenem Wasser bei niedriger Hitze garen. Herausnehmen, kurz in dem restlichen Öl anbraten und anrichten. Wer mag, kann eine Gewürzgurke getrennt dazu reichen.

Bauernomelett
mit Zwiebeln, Kartoffeln und sautiertem Romanesco

Für 4 Portionen
Zubereitungszeit: 45 Minuten

Für die Lasagne

200 g Auberginen
300 g Zucchini
2 rote Zwiebeln
1 Knoblauchzehe
Salz
4 Tomaten
3 EL natives Olivenöl
Zucker
2 Zweige Rosmarin
schwarzer Pfeffer aus der Mühle
500 ml Milch
25 g Speisestärke
50 g Parmesan, frisch gerieben
4 EL Röstzwiebeln
12 Lasagneblätter
100 g Emmentaler, frisch gerieben

Für die gebackenen Zwiebelringe

1 kleine Zwiebel
Mehl
250 ml Sonnenblumenöl

Außerdem

Butter für die Form
einige Rucolablätter zum Garnieren

❶ Die Auberginen waschen und putzen. Die Zucchini waschen und den Stiel- und Blütenansatz entfernen. Die Zwiebeln schälen. Auberginen, Zucchini und Zwiebeln in Würfel schneiden.

❷ Die Knoblauchzehe schälen, fein hacken und mit etwas Salz verreiben. Die Tomaten waschen und in Viertel schneiden.

❸ 2 EL Olivenöl in einer Pfanne erhitzen und die Tomaten mit dem Knoblauch anschwitzen. Leicht salzen und zuckern. Die Rosmarinzweige waschen, die Blättchen abstreifen und fein hacken. Zu den Tomaten geben und zugedeckt zehn Minuten ziehen lassen. Dann mit dem Pürierstab grob mixen und mit Salz und Pfeffer kräftig würzen.

❹ Für die Béchamelsauce 4 EL der Milch abnehmen und mit der Speisestärke glatt rühren. Nun die restliche Milch aufkochen lassen und leicht salzen. Die Stärke einrühren und unter ständigem Rühren nochmals aufkochen lassen. Den Parmesan und die Röstzwiebeln dazugeben.

❺ Das restliche Olivenöl in einem Topf erhitzen und Auberginen, Zwiebeln und Zucchini anbraten.

❻ Den Backofen auf 200 °C vorheizen. Eine große Auflaufform mit Butter ausstreichen und die erste Lage Lasagneblätter einlegen. Einige Löffel der Tomatenmasse darauf verstreichen, anschließend einige Löffel des Gemüseragouts daraufgeben. Darüber einige Löffel Béchamelsauce verstreichen und mit 2 EL Emmentaler bestreuen. Nun wieder eine Lage Lasagneblätter einschichten und in der oben beschriebenen Reihenfolge verfahren, bis alle Zutaten aufgebraucht sind. Mit Lasagneblättern abschließen und mit Béchamel und Emmentaler bedecken. Im heißen Ofen 30 Minuten backen.

❼ Für die gebackenen Zwiebelringe die Zwiebel schälen, in feine Ringe schneiden und mehlieren. Das Sonnenblumenöl erhitzen und die Zwiebelringe frittieren.

❽ Vor dem Servieren den Auflauf aus dem Ofen nehmen und fünf Minuten ruhen lassen. Anschließend mit den gebackenen Zwiebelringen und Rucolablättern garnieren.

Gemüselasagne
mit Röstzwiebeln

Für 4 Portionen
Zubereitungszeit: 35 Minuten

700 g mehligkochende Kartoffeln
2 Eier
2 Eigelbe
160 g Hartweizengrieß, doppelt
    gemahlen (Nudelgrieß)
Salz
schwarzer Pfeffer aus der Mühle
3 Champignons
1 Schalotte
50 g Speck
3 EL natives Olivenöl
2 EL Gruyère, frisch gerieben
3 EL Butter, zerlassen
4 rote Zwiebeln
400 ml Rotwein
300 ml roter Portwein
1 EL Honig

Außerdem
4 EL Mehl für die Arbeitsfläche
einige Blättchen Shiso Cress Green
    zum Garnieren

❶   Die Kartoffeln am besten am Vortag schälen, weich kochen und auskühlen lassen. Die Kartoffeln durch die Kartoffelpresse drücken und mit den Eiern, den Eigelben und dem Grieß zu einem festen Teig verarbeiten. Mit Salz und Pfeffer würzen. Den Teig auf einer mehlierten Arbeitsfläche etwa ½ cm dick ausrollen.

❷   Die Champignons putzen und in kleine Würfel schneiden. Die Schalotte schälen und fein hacken. Den Speck in kleine Würfel schneiden. Das Olivenöl in einer Pfanne erhitzen und Schalotten, Champignons und Speck anbraten. Die Pfanne von der Herdplatte nehmen, das Ganze auskühlen lassen und anschließend mit dem Käse vermengen.

❸   Nun den Teig mit einem Ausstecher (5 cm Ø) oder Glas ausstechen. Teelöffelweise etwas von der Schalotten-Speck-Masse daraufgeben, zusammendrücken und den Teig zu Nocken formen. Reichlich Wasser zum Kochen bringen und die Gnocchi einlegen. Sobald sie an die Oberfläche steigen, mit einem Schaumlöffel herausnehmen und in der zerlassenen Butter braten oder unter fließendem kaltem Wasser abschrecken.

❹   In der Zwischenzeit die Zwiebeln schälen und in Spalten schneiden. Die Zwiebelspalten in einen Topf geben, Rotwein, Portwein und Honig hinzufügen. Zum Kochen bringen und die Flüssigkeit fast vollständig einkochen lassen. Mit Salz und Pfeffer würzen. Zum Anrichten die Zwiebelspalten in einen tiefen Teller geben und mit den Gnocchi belegen. Mit Shiso Cress garnieren.

Gefüllte
Kartoffelnocken
mit Rotweinschalotten

Für 4 Portionen
Zubereitungszeit: 25 Minuten

150 g altbackenes Weißbrot (Ciabatta)
80 ml natives Olivenöl
30 ml Aceto balsamico bianco
2 Sardellenfilets
1 Salatgurke
2 Tomaten
50 ml Rotweinessig
50 ml Gemüsebrühe (Rezept Seite 162)
50 ml Rapsöl
Salz
Zucker
2 EL halbgetrocknete Tomaten
3 EL Tomatenmark
4 Roggenbrötchen
1 rote Zwiebel
½ Fenchelknolle

Burger mit Panzanella und roten Zwiebeln

❶ Den Backofen auf 210 °C vorheizen.

❷ Das Weißbrot in kleine Würfel schneiden. 30 ml Olivenöl mit dem Aceto balsamico bianco verrühren und die Brotwürfel darin einweichen (Panzanella ist ein toskanischer Brotsalat). Die Sardellenfilets dazugeben.

❸ Die Gurke schälen und in Stücke schneiden. Von den Tomaten den Stielansatz herausschneiden, waschen und das Fruchtfleisch in grobe Würfel schneiden. Aus dem Rotweinessig, der Brühe, dem restlichen Olivenöl und dem Rapsöl eine Vinaigrette herstellen. Mit etwas Salz und Zucker würzen. Nun die Gurken, Tomaten und halbgetrockneten Tomaten damit marinieren.

❹ Kurz vor dem Anrichten die Vinaigrette abgießen und mit dem Tomatenmark verrühren.

❺ Die Roggenbrötchen zwei Minuten im heißen Ofen nachbacken. Dann quer aufschneiden und mit der Tomatenmarkcreme bestreichen. Die marinierten Gurken und Tomaten mit den Brotwürfeln vermengen und auf den Brötchen verteilen. Nun die Zwiebel schälen, den Fenchel putzen und waschen. Die Zwiebel und den Fenchel in feine Ringe schneiden und auf die Brötchen geben. Mit dem Fenchelgrün garnieren.

Für 4 Portionen
Zubereitungszeit: 1½ Stunden

2 Karotten
½ Stange Lauch
50 g halbgetrocknete Tomaten
100 g kleine Champignons
2 Zweige Thymian
½ Bund Schnittlauch
3 EL Sonnenblumenöl
1 EL schwarze Pfefferkörner
1 l Gemüsebrühe (Rezept Seite 162)
20 ml helle Sojasauce
½ Bund glatte Petersilie
2 Lorbeerblätter
½ Kopf Romanesco
2 EL Butter
100 g Perlzwiebeln, geschält
Salz
schwarzer Pfeffer aus der Mühle
2 Eigelbe
1 EL Sahne
150 g Blätterteig (TK oder
     aus dem Kühlregal)

❶ Die Karotten schälen. Eine Karotte in 5 mm große Würfel, die restliche Karotte in grobe Würfel schneiden. Den Lauch putzen, waschen und in grobe Stücke schneiden. Die Tomaten in feine Streifen schneiden. Die Champignons putzen. Die Thymianblättchen von den Zweigen streifen. Den Schnittlauch waschen, trocken schütteln und in feine Röllchen schneiden.

❷ Das Öl in einem großen Topf erhitzen und die Pfefferkörner anrösten. Lauch, die grob gewürfelte Karotte, 50 g Champignons und den Thymian dazugeben und kurz mitrösten. Die Brühe und die Sojasauce angießen und aufkochen lassen. Die Petersilie waschen. Mit den Lorbeerblättern in die Brühe geben und 20 Minuten ziehen lassen. Das Ganze durch ein Tuch passieren.

❸ Nun den Romanesco in kleine Röschen schneiden, waschen und in der Brühe drei Minuten garen. Dann die kleinen Karottenwürfel dazugeben und eine weitere Minute kochen. Anschließend alles in die Suppentassen geben und 20 Minuten kalt stellen.

❹ Die Butter in einer Pfanne zerlassen und die Perlzwiebeln bei sehr niedriger Hitze mit etwas Salz zugedeckt 15 Minuten garen. Auskühlen lassen (wichtig!) und zur Suppe geben.

❺ Die restlichen Champignons in feine Scheiben schneiden. Den Schnittlauch zusammen mit den Champignons in die kalte Suppe geben. Mit Salz und Pfeffer würzen.

❻ Den Backofen auf 180 °C Umluft vorheizen. Ein Eigelb und die Sahne miteinander verrühren.

❼ Die Suppentassen aus dem Kühlschrank nehmen und am äußeren Rand mit der Eigelb-Sahne-Mischung bepinseln. Den Blätterteig rund und 1 cm größer als den Suppentassenrand ausstechen. Den Teig straff auf die Suppentassen geben und am Rand andrücken, der Teig darf nicht in die Tasse durchhängen. Den Blätterteig mit dem restlichen verquirlten Eigelb bepinseln und 20 Minuten im heißen Ofen backen.

Gemüseeintopf
mit Perlzwiebeln
unter der Blätterteighaube

Für 4 Portionen
Zubereitungszeit: 40 Minuten

300 g Schalotten + 1 Schalotte
2 Knoblauchzehen
150 ml Rotwein
100 ml roter Portwein
400 g Blattspinat
2 EL Butter
50 ml Sahne
1 EL Crème fraîche
6 mehligkochende Kartoffeln, gekocht
   und gepellt
Salz
schwarzer Pfeffer aus der Mühle
8 EL Sonnenblumenöl
320 g Steinpilze

Außerdem
1 Kästchen Kresse

❶ 300 g Schalotten und die Knoblauchzehen schälen und fein hacken. Rotwein und Portwein mit der Hälfte des Knoblauchs und den Schalotten einkochen lassen, bis fast keine Flüssigkeit mehr vorhanden ist.

❷ Die eine zusätzliche Schalotte schälen und fein hacken. Den Spinat putzen und von den Stielen befreien, sorgfältig waschen und etwas trocken schleudern. 1 EL Butter in einem Topf zerlassen und die Schalotten mit dem restlichen Knoblauch glasig anschwitzen. Den Spinat dazugeben und im Topf zusammenfallen lassen. Den entstandenen Fond abgießen. Nun die Sahne und die Crème fraîche hinzufügen und aufkochen lassen. Mit dem Pürierstab glatt mixen und warm halten. Vor dem Servieren nochmals kurz aufmixen.

❸ Den Backofen auf 160 °C vorheizen. Die Kartoffeln grob reiben. Mit Salz und Pfeffer würzen und die Masse in acht Portionen teilen. Eine Portion in eine heiße Pfanne mit 2 EL Sonnenblumenöl geben. Darauf 2 EL der Rotweinschalotten geben und mit einer weiteren Portion Kartoffeln bedecken. Die Kartoffeln nun mit einer Palette zu einem Rösti formen und von beiden Seiten goldgelb braten. Danach im Ofen warm stellen und die restlichen drei Rösti ebenso braten.

❹ Zum Schluss die Steinpilze putzen und in Viertel schneiden. Die restliche Butter in einer Pfanne zerlassen und die Steinpilze braten. Mit Salz und Pfeffer würzen.

❺ Die Rösti und die Spinatcreme auf die Teller verteilen. Die Steinpilze auf die Rösti setzen und das Ganze mit etwas Kresse garnieren.

Gefüllter Röstitaler
mit Schalotten und Steinpilzen
auf Spinatcreme

Für 4 Portionen
Zubereitungszeit: 30 Minuten

200 ml Milch
2 Eier
Salz
100 g Mehl
30 g Butter, zerlassen
1 EL Petersilie, fein gehackt
4 EL Sonnenblumenöl
300 g Frischkäse
50 ml Milch
2 EL Crème fraîche

1 Bund Rucola
4 EL getrocknete Tomaten
3 Knoblauchzehen
schwarzer Pfeffer aus der Mühle
2 Spritzer Aceto balsamico bianco
150 ml Sahne
1 EL Paniermehl
2 EL Parmesan, frisch gerieben
1 Eigelb

Gratinierte Knoblauch-Kräuter-Crêpes
mit Frischkäse

❶ Die Milch mit den Eiern, etwas Salz, dem Mehl und der Butter zu einem glatten Teig rühren. Die Petersilie dazugeben. Eine heiße Pfanne mit etwas Öl bepinseln. Mit einer kleinen Kelle etwas Teig hineingeben. Die Pfanne kippen und so den Teig gleichmäßig verteilen. Die Crêpes von beiden Seiten goldgelb backen. Herausnehmen und warm stellen. Auf diese Weise acht Crêpes herstellen.

❷ Den Frischkäse mit Milch und Crème fraîche glatt rühren. Den Rucola waschen, trocken schleudern und grob hacken. Die Tomaten in feine Streifen schneiden und mit dem Rucola dazugeben. Die Knoblauchzehen schälen, fein hacken und ebenfalls dazugeben. Mit Salz, Pfeffer und Aceto balsamico bianco würzen, auf die Crêpes geben und diese aufrollen.

❸ Den Backofen auf 240 °C Grillfunktion vorheizen.

❹ Die Sahne steif schlagen und Paniermehl, Parmesan und Eigelb vorsichtig unterheben. Die Masse leicht salzen und mit einem Dressiersack auf den Crêpes aufbringen. Im heißen Ofen sechs Minuten goldgelb überbacken.

Solo oder mit einem kleinen Salat oder einem mediterranen Gemüseragout servieren.

350 g Mehl
150 g Semola (Hartweizengrieß)
4 Eier
4 Eigelbe
1 EL Olivenöl
Salz
3 Knoblauchzehen
⅓ Bund Schnittlauch
⅓ Bund Petersilie
2 Stängel Estragon
100 g weiche Butter
schwarzer Pfeffer aus der Mühle
½ Bio-Zitrone, abgeriebene Schale
2 Bio-Zitronen
200 g grüne Oliven (ohne Stein)
6 EL Vinaigrette (Rezept Seite 157)
1 Bund Rucola

❶ Mehl, Semola, Eier, Eigelbe, Olivenöl und 2 Prisen Salz zu einem glatten Teig verarbeiten, dabei möglichst lange, mindestens aber drei Minuten, kneten; der Teig darf nicht klebrig sein. Im Bedarfsfall noch etwas Mehl hinzufügen. Aus dem Teig eine Kugel formen, in Klarsichtfolie packen und ein bis zwei Stunden ruhen lassen.

❷ Anschließend den Teig in dünne Scheiben schneiden, mit Mehl bestäuben und mit der dicksten Einstellung beginnend durch die Nudelmaschine drehen. Nach und nach die Einstellung reduzieren, den Teig immer wieder mit Mehl bestäuben und immer wieder durch die Nudelmaschine drehen – so lange, bis die Tagliatelle die gewünschte Stärke haben. Anschließend mit einem Teigrädchen oder dem Bandnudelaufsatz zu Bandnudeln schneiden.

❸ Die Knoblauchzehen schälen und fein hacken. Den Schnittlauch waschen und in feine Röllchen schneiden. Die Petersilie und den Estragon waschen. Die Blätter von den Stängeln zupfen und fein hacken. Alles mit der weichen Butter vermengen und mit Salz, Pfeffer und Zitronenabrieb würzen.

❹ Die Zitronen heiß abwaschen, trocken reiben und die Schale in Zesten abreißen. Die Oliven halbieren.

❺ Die Tagliatelle in reichlich Salzwasser ein bis zwei Minuten bissfest kochen. Anschließend abgießen und in der Knoblauch-Kräuter-Butter schwenken. Die Zitronenzesten und die Oliven dazugeben.

❻ Die Vinaigrette herstellen. Den Rucola waschen, trocken schleudern und in der Vinaigrette marinieren. Die Nudeln in tiefen Tellern anrichten und mit dem Rucola garnieren.

Tagliatelle mit
Knoblauchbutter, Oliven,
Zitrone und Kräutern

Für eine Springform mit 28 cm Ø
Zubereitungszeit: 75 Minuten

Für den Teig
125 ml handwarmes Wasser
10 g Hefe
250 g Mehl
2 Prisen Salz
1 Prise Zucker
50 g Butter, zerlassen
1 Ei

Für den Belag
400 g Zwiebeln
100 g Bacon (Frühstücksspeck)

50 g Schweineschmalz
200 g Crème fraîche
100 g Sauerrahm
3 Eier
4 Zweige Thymian
Salz
schwarzer Pfeffer aus der Mühle
100 g Emmentaler, frisch gerieben

Außerdem
Butter und Mehl für die Form

Pfälzer
Zwiebelkuchen

❶ Das Wasser mit der Hefe vermengen. Mehl, Salz, Zucker, Wasser und die Butter zu einem glatten Teig verarbeiten. Zugedeckt an einem warmen und zugfreien Platz 30 Minuten gehen lassen.

❷ In der Zwischenzeit die Zwiebeln schälen, halbieren und in feine Halbringe schneiden. Den Bacon in Würfel schneiden. Das Schweineschmalz in einer tiefen Pfanne zerlassen und die Baconwürfel auslassen, bis sie eine leichte Bräunung annehmen. Die Zwiebeln dazugeben und weich schmoren.

❸ Crème fraîche, Sauerrahm und Eier verrühren. Die Blättchen von den Thymianzweigen abstreifen und fein hacken. Die Eiermasse mit Salz, Pfeffer und Thymian würzen.

❹ Den Backofen auf 180 °C vorheizen.

❺ Den Teig ausrollen und auf 32 cm Ø zuschneiden. Anschließend in die gebutterte und mehlierte Form legen und an den Seiten hochziehen.

❻ Die Eiermasse mit den Zwiebeln vermengen. Den Käse dazugeben und auf dem Teig verteilen.

❼ Den Kuchen im heißen Ofen 30 Minuten backen.

153

Anhang

Grundrezepte

Ergibt 4–5 Liter
Zubereitungszeit: 2 Stunden

1 Suppenhuhn (3 kg)
3 Zweige Thymian
1 EL weiße Pfefferkörner
1 Lorbeerblatt
1 Bund Suppengrün
1 Zwiebel

Geflügelbrühe

❶ Das Huhn gründlich von innen und außen abspülen und den Bürzel, das ist die Bezeichnung für die Fettdrüse am Schwanz, abschneiden (wird der Bürzel nicht entfernt, könnte die Hühnersuppe einen etwas tranigen Geschmack bekommen).

❷ Das Huhn in einen großen Topf geben und so viel kaltes Wasser angießen, dass das Huhn knapp bedeckt ist. Langsam aufkochen lassen, den Schaum mit einem Schaumlöffel sorgfältig abschöpfen und den Thymian sowie die Pfefferkörner dazugeben. Etwa eineinhalb Stunden köcheln lassen.

❸ Nun das Suppengrün waschen und zerkleinern. Die Zwiebel schälen und in Viertel schneiden. Beides dazugeben und weitere 30 Minuten köcheln lassen. Anschließend die Suppe durch ein Sieb passieren. Die Geflügelbrühe hält sich im Kühlschrank vier bis fünf Tage.

Ergibt 750 ml
Zubereitungszeit: 15 Minuten

50 ml Madeira
50 ml roter Portwein
1 EL Senf
25 ml Aceto balsamico
25 ml Sherryessig
100 ml Weißweinessig
1 EL brauner Zucker
150 ml Geflügelbrühe (Rezept linke Seite)
150 ml Maiskeimöl
150 ml natives Olivenöl

❶ Madeira und Portwein zusammen in einem kleinen Topf bei großer Hitze auf 2 TL reduzieren.

❷ Anschließend die reduzierte Flüssigkeit mit allen anderen Zutaten bis auf die Öle verrühren. Dann nach und nach die beiden Öle unterrühren.

Vinaigrette

Das Öl nicht mixen, sonst wird die Vinaigrette milchig-trüb.

Essen Kinder mit, einfach den Alkohol weglassen oder durch einen Spritzer Ahornsirup ersetzen.

Ergibt 300 ml
Zubereitungszeit: 5 Stunden

3 EL natives Olivenöl
1 kg Lammknochen, gehackt
½ Karotte
½ Sellerieknolle
1 Knoblauchzehe
2 Schalotten
1 EL schwarze Pfefferkörner
2 EL Tomatenmark
150 ml Rotwein
150 ml Madeira
1½ l Rinderbrühe (Rezept Seite 163)
1 Zweig Thymian
Maisstärke nach Belieben

Lammjus hält sich gut gekühlt
bis zu zwei Wochen.

Lammjus

❶   Das Olivenöl erhitzen und die Lammknochen kräftig anbraten.

❷   Die Karotte und den Sellerie schälen und in kleine Stücke schneiden. Die Knoblauchzehe und die Schalotten schälen. Zu den Knochen geben und mitrösten.

❸   Das Fett abgießen. Die Pfefferkörner dazugeben und das Tomatenmark einrühren. Kurz weiterrösten und anschließend mit dem Rotwein und dem Madeira ablöschen.

❹   Die Flüssigkeit reduzieren und die Brühe nach und nach angießen. Den Thymianzweig einlegen und bei niedriger Hitze im offenen Topf vier bis fünf Stunden köcheln lassen.

❺   Den Bratensaft durch ein feines Sieb passieren und entfetten, d. h. mit Küchenpapier die Fettschicht abtupfen. Auf 300 ml einkochen lassen und evtl. mit etwas mit Wasser angerührter Maisstärke binden.

Ergibt 350 ml
Zubereitungszeit: 5 Stunden

300 g Ochsenschwanz, im Gelenk
   geschnitten
400 g Kalbsschwanz, im Gelenk geschnitten
50 g Karotten
50 g Zwiebeln
50 g Lauch
50 g Staudensellerie
50 ml Maiskeimöl
2 Zweige Thymian
4 Stängel glattblättrige Petersilie
1 Lorbeerblatt
1 EL Pfefferkörner
50 g Tomaten
30 g Champignons
Maisstärke nach Belieben

Jus kann man wie Marmelade
bei 100 °C im Backofen einkochen
und in ein 200-ml-Glas abfüllen.

❶   Den Backofen auf 200 °C vorheizen.

❷   Ochsen- und Kalbsschwanz von Fett und Knochenmark befreien
und das Fleisch mit den Knochen in einer feuerfesten Form im Ofen
etwa eine Stunde bräunen. Dann das Fett abgießen, Fleisch und Knochen
zusammen mit 4 l Wasser in einen großen Topf geben. Aufkochen lassen
und den Schaum mit einem Schaumlöffel sorgfältig abschöpfen.

❸   Die Karotten und die Zwiebeln schälen und grob hacken. Den
Lauch und den Staudensellerie putzen, waschen und in grobe Stücke
schneiden. Das Öl in einem Topf erhitzen und Karotten, Zwiebeln, Lauch
und Sellerie braten, bis sie Farbe bekommen. Das Fett abgießen und das
Gemüse zusammen mit Thymian, Petersilie, Lorbeerblatt und Pfefferkörnern in die Brühe geben.

❹   Die Tomaten und die Champignons waschen bzw. putzen und in
grobe Stücke schneiden. Dazugeben und die Brühe drei bis vier Stunden
köcheln lassen. Zwischendurch den Schaum mit einem Schaumlöffel
sorgfältig abschöpfen. Immer wieder etwas heißes Wasser nachgießen,
sobald die Knochen mehr als zwei Finger breit herausschauen. Das Ganze
durch ein grobmaschiges Tuch passieren und kalt stellen. Dann das Fett
entfernen und 20–30 Minuten auf ein Zehntel einkochen lassen. Eventuell mit etwas mit wenig Wasser angerührter Maisstärke binden.

Kalbsjus

Ergibt 300 ml
Zubereitungszeit: 5–6 Stunden

2 kg Geflügelkarkassen
60 g Knollensellerie
60 g Karotten
50 g Lauch
100 g Schalotten
2 Knoblauchzehen
1 EL Tomatenmark
1 Lorbeerblatt
2 Zweige Thymian
1 EL schwarze Pfefferkörner
200 ml Weißwein
100 ml Madeira

Jus lässt sich auch in kleinen
Portionen einfrieren.

Geflügeljus

❶ Den Backofen auf 200 °C vorheizen. Die Karkassen in walnuss-
große Stücke hacken und in einem Bräter im heißen Ofen rösten.

❷ Den Sellerie und die Karotten schälen und in kleine Stücke schneiden. Den Lauch putzen, waschen und in Ringe schneiden. Die Schalotten
und die Knoblauchzehen schälen und grob hacken. Sellerie, Karotten,
Schalotten und Knoblauch zu den Karkassen geben und mitrösten.

❸ Das Fett abgießen und Tomatenmark sowie Gewürze dazugeben.
Kurz alles rösten.

❹ Anschließend mit Weißwein und Madeira ablöschen. Den Braten-
satz loskochen und das Ganze in einen Topf umfüllen. 2 l Wasser angießen und fünf bis sechs Stunden köcheln lassen. Immer wieder den
Schaum mit einem Schaumlöffel sorgfältig abschöpfen.

❺ Zum Schluss alles durch ein Sieb passieren und abkühlen lassen.
Das Fett abnehmen und auf ein Zehntel der Flüssigkeit reduzieren.

Ergibt 1 Liter
Zubereitungszeit: 50 Minuten

1 kg Fischkarkassen, möglichst von
  Plattfischen wie Scholle, Steinbutt,
  Seezunge (vom Fischhändler), grob
  gehackt
2 Stangen Staudensellerie
1/3 Fenchelknolle
4 Schalotten
2 Tomaten
6 Champignons
50 ml natives Olivenöl
1 Zweig Thymian
1 Lorbeerblatt
1 EL Pfefferkörner
400 ml trockener Weißwein
50 ml Noilly Prat
20 ml Pernod
Salz

Im Kühlschrank aufbewahrt,
hält sich Fischfond zwei bis
drei Tage.

❶   Die Fischkarkassen mindestens 15 Minuten in reichlich Wasser
wässern, bis sie ganz weiß sind.

❷   Den Staudensellerie und den Fenchel putzen, waschen und grob
hacken. Die Schalotten schälen und grob hacken. Die Tomaten und die
Champignons waschen bzw. putzen und grob hacken. Das Olivenöl
in einem Topf erhitzen und das Gemüse mit Thymian, Lorbeerblatt
und Pfefferkörnern anschwitzen. Die Fischkarkassen dazugeben und
1 Minute mitbraten. Mit Weißwein und Noilly Prat ablöschen.

❸   Den Pernod dazugeben und das Ganze mit Wasser knapp bedecken. Kurz aufkochen lassen, den Schaum mit einem Schaumlöffel
sorgfältig abschöpfen und den Fond 30 Minuten leise köcheln lassen.

❹   Den Fond durch ein grobmaschiges Tuch passieren, salzen und
anschließend noch etwas reduzieren.

Fischfond

Ergibt 1¼ Liter
Zubereitungszeit: 45 Minuten

100 g Lauch
100 g Staudensellerie
100 g Karotten
100 g Champignons
2 Tomaten
2 Zwiebeln
1 EL weiße Pfefferkörner
2 Zweige Thymian
50 ml Sojasauce
1 Lorbeerblatt
1 Petersilienwurzel, geschält
½ Bund Petersilie, gewaschen

❶ Lauch, Sellerie, Karotten, Champignons und Tomaten putzen, waschen, ggf. schälen und in grobe Stücke schneiden. Die Zwiebeln schälen und grob hacken. Zusammen mit den übrigen Zutaten mit 1½ l Wasser aufkochen und 30 Minuten köcheln lassen.
❷ Anschließend durch ein Sieb passieren.

Gemüsebrühe

Für einen dunklen Gemüsefond das Gemüse vor dem Kochen in wenig Öl rösten, etwas Tomatenmark dazugeben und mit Madeira und Rotwein ablöschen.

Ergibt 5 Liter
Zubereitungszeit: 3 Stunden

2 kg Rinderknochen
2 kg Rindersuppenfleisch
4 Pimentkörner
1 EL Wacholderbeeren
1 EL schwarze Pfefferkörner
2 Nelken
2 Lorbeerblätter
4 Stängel glattblättrige Petersilie
1 Zwiebel, ungeschält
1 Stange Lauch
100 g Sellerieknolle
100 g Karotten

Rinderbrühe

❶   Die Knochen blanchieren. Einen großen Topf mit 5 l kaltem Wasser füllen und die Knochen einlegen. Das Fleisch dazugeben und das Ganze zum Kochen bringen. Mit einem Schaumlöffel sorgfältig abschäumen und die Gewürze sowie die Kräuter hinzufügen. Zwei Stunden köcheln lassen.

❷   Die Zwiebel halbieren und in einer heißen Pfanne oder auf Alufolie direkt auf der Herdplatte schwärzen.

❸   Den Lauch putzen und waschen, den Sellerie und die Karotten schälen. Das Gemüse mit einem Küchengarn zusammenbinden.

❹   Die Zwiebelhälften und das Gemüse zur Brühe geben und weitere 30 Minuten köcheln lassen. Anschließend durch ein Sieb abgießen.

Glossar

Aceto balsamico
Essig aus eingekochtem Traubensaft. Eine Spezialität aus Modena in der italienischen Emilia-Romagna.

Chorizo
Spanische Wurst aus Schweinefleisch, ähnlich einer pikant gewürzten Salami.

Ciabatta
Ein außen krosses und innen grobporiges, luftiges italienisches Weißbrot.

Comté
Würziger Hart-Rohmilchkäse mit sehr langer Tradition aus der französischen Region Franche-Comté.

Crème fraîche
Saure Sahne mit mindestens 30% Fett. Durch den hohen Fettanteil ist sie kochstabil und gerinnt nicht beim Erhitzen.

Daikonkresse
Eigentlich Sprossengemüse mit würzigem Geschmack, stammt aus Japan.

Dijonsenf
Scharfer französischer Senf aus Dijon, der aus nicht entölten schwarzen Senfsamen und dem Most unreifer Trauben hergestellt wird.

Macadamianuss
Ein heller, etwa 2 cm großer runder Nusskern. Sehr schmackhaft, aber teuer. Wird oft als Königin der Nüsse bezeichnet. Die Macadamianuss enthält kein Cholesterin, dagegen wertvolle Mineralien und Vitamine.

Mascarpone
Italienischer milder, cremiger Frischkäse mit 80% Fett.

Meaux-Senf
Eine in der französischen Champagne hergestellte aromatische und süß schmeckende Spezialität, die unter dem Namen *Moutarde de Meaux* von Pommery im Handel ist.

Natives Olivenöl
Naturbelassenes Öl von sehr guter Qualität.

Natives Olivenöl extra
Kaltgepresstes Olivenöl der Güteklasse 1 mit weniger als 0,8% Säuregehalt.

Pancetta
Ein sehr milder und wegen seiner Kräuterwürze besonders aromatischer, zarter italienischer Schweinebauchspeck. Man kann ihn im Ganzen kaufen oder auch gerollt als *Pancetta arrotolata*.

Pankomehl
Helles, grobes Paniermehl. Es stammt ursprünglich aus der japanischen Küche und eignet sich zum Panieren von Fisch, Krustentieren, Gemüse sowie Hühner- und Schweinefleisch.

Polenta
Maisgrieß. Polenta schmeckt leicht süß und passt als Beilage zu vielen Gerichten.

Poularde
Sieben bis zwölf Wochen altes Masthuhn mit einem Schlachtgewicht von über 1,2 kg.

Rascasse

Der französische Name für den *Großen Roten Drachenkopf*, der ob seines festen, feinen weißen Fleisches in keiner Bouillabaisse fehlen sollte. Die kleine Rascasse ist nur lokal erhältlich, sie hat einen noch feineren Geschmack.

Ratatouille

Provenzalisches Gemüseragout aus Auberginen, Zucchini, Zwiebeln, Gemüsepaprika und Tomaten. Der Eintopf wird mit Knoblauch in Olivenöl und Weißwein gedünstet.

Ras el-Hanout

Nordafrikanische Couscous-Gewürzmischung aus Ingwer, Kardamom, Nelken, Piment, Muskat, schwarzem Pfeffer, Zimt, Kreuzkümmel, Macis, Koriander u. a.

Risottoreis

Die bekanntesten Risottoreis-Sorten sind: Arborio, Carnaroli und Vialone Nano. Sie werden ausschließlich in der italienischen Poebene angebaut.

Romanasalat

Auch Römersalat oder Römischer Salat. Besonders die zarten inneren Blätter werden frisch für Salat verwendet, aber auch als Gemüse gedünstet.

Rote-Bete-Granulat

Ein aus dem Saft frischer Roter Beten in einem speziellen Verfahren hergestelltes Trockengemüse, das auch zum Färben anderer Produkte verwendet wird. Es ist im Reformhaus und im Online-Handel erhältlich.

Schwarzer Knoblauch

Knoblauch, der auf natürliche Weise fermentiert wird. Infolge des Gärprozesses wird seine Konsistenz weich und klebrig, der Geschmack wandelt sich: Der Knoblauch schmeckt nun etwas süßlich und weist neue, ungeahnte Aromen auf.

Senfkresse

Kresseart mit graugrünen Blättern, die einen süßlich-würzigen Senfgeschmack haben. Die Wurzel kann wie Meerrettich verwendet werden.

Shiso Cress

Vor allem in Korea, Japan und China verwendete sehr aromatische Kresse, die in Green und Purple im Handel ist. Die Kresse schmeckt leicht nach Kümmel und wertet vor allem Käse, Spargel und rohen Fisch auf.

Sweet-Chili-Sauce

Eine scharfe und süß schmeckende Würzsauce, die hauptsächlich für asiatische Gerichte verwendet wird.

Tapenade

Gewürzte Olivenpaste, die aus grünen oder schwarzen Oliven hergestellt wird.

Teriyakisauce

Eine Marinade, die auf der Basis von Sojasauce, Zucker und Sake hergestellt wird.

Wasabi

Eine grüne Wurzelpflanze mit einem wegen der enthaltenen Senföle scharfen Geschmack. Wasabi wird als Paste, Pulver, gefroren und manchmal auch frisch angeboten.

Register
alphabetisch

Anmerkungen

Die Mengenangaben bei Löffeln beziehen sich im Allgemeinen
auf gestrichene Löffel.

Verwenden Sie vorzugsweise Meersalz. Ist in den Rezepten
Mehl angegeben, so wird im Allgemeinen Weizenmehl Type 405
verarbeitet. Wir empfehlen, ausschließlich Eier der Größe M aus
Freilandhaltung zu verwenden.

Backofentemperaturen beziehen sich auf konventionelle Backöfen
mit Ober-/Unterhitze. In den meisten Rezepten wird Ober- und
Unterhitze benötigt.

Bei den Rezepten, für die Umlufttemperatur erforderlich ist,
ist das entsprechend angegeben.

Register nach Kapiteln

Endlich fertig!
Darüber scheinen sich königlich
zu freuen: Achim Schwekendiek (links)
und Hubertus Schüler.

Dank

Das Buch rund um Zwiebel und Knoblauch ist fertig. Und wie immer im Leben bin nicht ich allein es, der die Ideen für die Gerichte hatte. Mein Team mit Benjamin und Marcel unterstützt mich immer wieder bei Rezepten und Fotoaufnahmen. Ihr beide habt viel Zeit investiert, um mit mir gemeinsam dieses schöne Buch zu machen. Dafür danke ich Euch von Herzen. Des weiteren danke ich Anja, die für mich recherchiert hat, meine Launen ertragen und mir zum Glück längst verziehen hat, weil ich viel freie Zeit in dieses Buch gesteckt habe. Ein Hoch auf Hubertus, Benedikt und Tim! Ihr habt so wunderbare Arbeit geleistet. Das ist nun bereits das dritte Buch, das wir miteinander gemacht haben. Und ich bin immer wieder neu überrascht und berührt zu sehen, welch zauberhafte Fotos von Alltagsgerichten entstehen. Lieben Dank an Ria, die aus den Rezepten wieder ein wunderschönes Buch kreiert hat. Wie gut auch, dass Du mich immer wieder anschiebst, den erforderlichen liebevollen Druck mich spüren lässt, wenn ich ins Trödeln gerate! Last but not least ein Dankeschön an das Team des Hädecke Verlages und den Verleger Joachim Graff, der das Vertrauen in mich und uns gesetzt hat und meine Idee hat Gestalt werden lassen.

Achim Schwekendiek

Mein besonderer Dank geht an Ria Lottermoser mit ihrer Übersicht, ihrer kreativen Projektführung und ihr Vertrauen in meine Arbeit. Das tut mir gut.
Lieben Dank auch an meine Mitarbeiter Benedikt Koester und Tim Wachnowski für ihr Engagement zu allen Zeiten und an die Stylistin Claudia Neu für ihre Anregungen bei der Requisite. **Hubertus Schüler**

Ich danke allen, die am Zustandekommen dieses Buches beteiligt waren: Ingeborg Pils für ihre immerwährende Bereitschaft, noch einmal diesem oder jenem Detail nachzugehen; Achim für die kulinarischen Ideen und Hubertus für die beeindruckend schönen Fotos und den kreativen Austausch. Ich danke Jorge Schmidt für die tolle Gestaltung und Nadine Thiel für die geduldige und so gute Arbeit an Satz und Layout. Ich danke Familie Cocciolo-Muzzupappa in Coccorino in Kalabrien, Giada Cocciolo in Mailand und Gerhard Eigner in Laa an der Thaya in Niederösterreich. Sie haben Pakete mit Zwiebeln, die sie selbst angepflanzt oder gekauft haben, gepackt, um sie ins Fotostudio nach Bochum zu schicken. Besonderen Dank an Andrea Schneider vom Bauern- und Winzerverband Rheinland-Pfalz Süd e. V. in Mainz. Sie hat das Manuskript mit den Informationen über die zahlreichen Zwiebelsorten begleitet. Danke für die wichtigen Hinweise und den kompetenten Rat.

Ria Lottermoser

Bücher für Genießer

Fabelhaft feurig

Chilis und Chilisaucen machen aus jedem Gericht etwas Besonderes. Hier sind Lieblingsrezepte aus aller Welt versammelt, die die unterschiedlichsten Chilisorten und -schärfen optimal zur Geltung bringen – von süßlich-mild bis fruchtig-scharf, von einem Hauch bis zu atemberaubender Schärfe.

Dan May · **Dan May's Chili Kochbuch**
Hardcover · 160 Seiten · 86 Farbfotos · ISBN 978-3-7750-0640-8

Die Mischung macht's

Die Gewürzmischungen zum Selbermachen von fein-süßlich über kräftig-würzig bis brennend scharf geben neuen und klassischen Gerichten und sogar Süßspeisen eine besondere Note. Feine, leichte Gerichte für jeden Anlass.

Bettina Matthaei · **Im 7. Curryhimmel**
Hardcover · 152 Seiten · 76 Farbfotos · ISBN 978-3-7750-0569-2

Kulinarischer Blütenzauber

Die Rezeptkreationen laden ein, die aromenreichen und dekorativen essbaren Garten- und Wildblüten zu genießen. Sie sind eine köstliche Bereicherung für Augen und Gaumen, die auch in die Alltagsküche einen Hauch von Paradies zaubern können.

Erica Bänziger und Ruth Bossardt · **Blüten für die Küche**
Hardcover · 152 Seiten · 121 Farbfotos · ISBN 978-3-7750-0695-8

Weitere Informationen über Bücher für Genießer erhalten Sie kostenlos bei Hädecke Verlag GmbH & Co. KG · Postfach 1203 · 71256 Weil der Stadt · Fax +49 (0) 70 33 / 138 08 13 · E-Mail info@haedecke-verlag.de

Neue Rezeptideen und weitere Infos rund um unser Buchprogramm finden Sie außerdem unter www.haedecke-verlag.de, facebook.com/hadecke.verlag und www.mizzis-kuechenblock.de!

Achim Schwekendiek kocht seit 2004 im Schlosshotel Münchhausen, unweit von Hameln gelegen. Der Sternekoch gehört zu den etablierten Spitzenköchen Deutschlands.

Hubertus Schüler ist auf Food- und Still-Life-Fotografie spezialisiert und hat bislang über 20 Kochbücher fotografisch gestaltet. Er arbeitet in Bochum. Seine Auftraggeber sind vor allem Buch- und Zeitschriftenverlage, die seine Passion schätzen, mit Licht zu inszenieren und zu arbeiten.
www.hubertus-schueler.de

Ingeborg Pils ist Journalistin und Köchin aus Leidenschaft. Sie schreibt für Tageszeitungen, Magazine sowie Gastronomie-Fachzeitschriften und ist Autorin zahlreicher Kochbücher. Sie ist Mitglied im Food Editors Club (FEC) und von Slow Food.
www.ingeborg-pils.de

Ria Lottermoser Die studierte Germanistin machte sich 2004 nach einer dreißigjährigen Tätigkeit als Lektorin, Cheflektorin und Verlagsleiterin in renommierten Verlagen als Book Packager selbstständig. Ihre Liebe gehört vor allem kulinarischen Themen. Sie arbeitet für ausgewählte Verlage in Deutschland, Österreich und in der Schweiz.

© Hädecke Verlag GmbH & Co. KG, D-71263 Weil der Stadt
www.haedecke-verlag.de und www.mizzis-kuechenblock.de

4 3 2 1 | 2017 2016 2015

Buchidee: Achim Schwekendiek
Konzeption und Realisation: Ria Lottermoser
Schlusslektorat: Mo Graff
Visuelle Gesamtkonzeption: Büro Jorge Schmidt, München, in Zusammenarbeit mit Ria Lottermoser und Hubertus Schüler
Layout und Satz: Nadine Thiel, Baldham, unter Verwendung der FF Zwo und der Joanna MT
Einband: Julia Graff, Hädecke Verlag

Gedruckt auf PEFC-Papier aus nachhaltiger Forstwirtschaft und Holz aus kontrollierten Quellen.

ISBN 978-3-7750-0678-1

Printed in Germany 2015